한자, 인생을 말하다

평범한 삶을 비범하게 바꾸는 한자漢字의 힘

책들의 정원

머리말

한자(漢字)는 동아시아 문화의 근간이다. 우리나라와 일본은 각자의 언어를 가지고 있지만 이 역시 한자에 지대한 영향을 받았다. 비단 동아시아뿐이겠는가. 중국 문화는 이미 오래전부터 전 세계의 역사적 흐름에도 영향을 끼쳤다. 그만큼 한자는 인류사에 있어 중요한 자산이다.

우리는 이 책을 통해 한자와 그 안에 담긴 의미, 그리고 관련된 사례 등을 살펴봄으로써, 삶의 지혜를 얻고 행복한 미래로 다가서는 데 이정표를 얻고자 한다. 한자가 내포한 힘을 빌려 자신은 물론 사랑하는 가족, 몸담은 조직의 행복을 추구하는 데 그 의의가 있다. 성공을 위해 '무엇을 실행하고, 어떻게 교류하고, 성장을 도모하며, 존경받는 리더로 거듭날 것인가'에 대해 고민과 성찰, 그 해법을 전하려 노력하였다.

소위 평생학습 시대라 한다. 이미 예전에 학교 공부는 끝났을지 모르지만, 앞으로 평생을 살아가며 해야 할 세상 공부는 훨씬 더 많다. 하지만 적어도 즐거운 공부, 의미가 있는 공부, 성과가 남은 공부여야 하지 않겠는가. 모든 독자들이 이 책을 통해 정체된 삶을 역동적으로 이끌고 원하는 바를 반드시 성취하기를 기대해 본다.

차례

2장 인간관계의 완성이 진정한 행복이다

3장 위기를 넘어서면 성장이 온다

中孚 豐
夬 晉 豫
姤 革
頤
升 未濟
需 恒
復 屯
小過

1장

어떻게 도전하고 어떻게 성취할 것인가

●●● 성실하게 성취해야 한다

中孚

中孚 : '중부(中孚)'는 성실하다는 의미를 갖는다.

한 사회의 구성원으로 인생을 살아감에 있어 반드시 갖춰야 할 덕목이 몇 가지 있다. 그중에서도 '신뢰'는 손에 꼽힌다. 타인에게 믿음을 얻고 이를 토대로 맡은 바 임무를 완수해 냄이 사회생활에 있어 전부라 해도 과언이 아니다.

중부(中孚)에서 부(孚), 즉 '미쁨'은 믿음직스러움을 뜻한다. 어느 위치에서 어떤 업무를 하든지 주변의 '믿음'을 얻지 못한다면 사회인으로서의 도리를 완수하기란 쉽지 않다. 그렇다면 신뢰를 이끌어 내기 위해 우리가 갖춰야 할 태도는 무엇일까?

지금껏 세상을 살아오며 "당신, 참 성실(誠實)한 사람이다."라는 말을 들어 본 적 있는가? 많은 이들이 성실하다의 의미를 그저 열심히 한다 정도로 치부한다. 하지만 성실이라는 단어에는 올바른 사회생활의 정의라 할 만한 의미가 담겨 있다. 사전적으로도 성실은 '정성스럽고 참됨'을 뜻한다. 그저 열심히만 하는 것이 아니라 참된 마음을 담아 전력을 다해야 한다는 것이다. 그리고 성실한 구성원이 된 후에야 비로소 사회의 신뢰를 이끌어 낼 수 있다.

한 사람의 인품은 사회생활에 있어 그만의 가치가 된다. 사회생활을 성공적으로 이루어 가는 힘이 바로 인품이다. 기술 발달의 고도화와 인공지능의 등장으로 지금은 각광을 받는 업무 스킬과 직업군이 불과 1, 2년 안에 천대받을지도 모르는 시대. 기업들이 더욱 인성교육에 신경을 쓰고 인문학 열풍이 끊이지 않는 것은 당연한 일인지 모른다. 특히 일을 할 때는 인품의 여러 덕목 중 성실을 반드시 갖추어야 한다. 입신양명(立身揚名)은 별다른 것이 아니다. 끝없는 성실을 바탕으로 주변의 인정과 신뢰를 받으며 하나씩 목표를 달성해 나가다 보면, 어느덧 성공에 바짝 다가설 수 있다. 비단 개인과 개인, 개인과 기업에만 한정되는 이야기가 아니다. 개인과 국가, 국가와 국가 사이에도 성실에 기초한 신뢰는 필수다. 지난 몇 년간의 정치판과 우리나라를 둘러싼 국제정세를 떠올리면 너무나도 당연하다.

칸트(Kant)는 성실에 대해 "인간 성격의 기본적 특질"이라고 일컬었다. 비록 힘든 일이더라도 자신이 하는 모든 말이 성실하다는 것을 보증해야 한다고 강조했다. 그 자신 역시 몸소 성실한 생활로 자신의 사상을 증명해 냄으로써 인류 최고의 철학가로 거듭났다.

"쏟은 물은 다시 담을 수 없다."라는 말이 있는 것처럼 훌륭한 사람이라면 자신의 말과 행동에 성실함이 있어야 한다. 바르고 정성스러워야 함은 물론이고 거짓이 없어야 한다. 그래야 신용을 쌓을 수 있다. 신용을 지키면 다른 사람에게 이익이 돌아가는 것이 아니라 자기 자신에게 이익이 돌아오게 된다. 더불어 사랑하는 가족과 자신이 몸담은 조직에 또한 이익으로 돌아온다. 나의 꿈과 성공을 위해, 나를 믿고 사랑하는 사람들의 행복을 위해 지금 당장 해야 할 일은 바로 '성실'하게 살아가는 것이다.

●●● 바로 지금 시작해야 한다

晉 : '진(晉)'은 나아가다,
승진하다, 오르다 등의 의미를 갖는다.

우리는 무한경쟁 시대를 살아간다. 특히 대한민국 국민이라면 경쟁이라는 단어가 주는 느낌은 남다르다. 오로지 성적과 등수에 매달려 학창 시절을 보내다가 성인이 된 후에는 조금이라도 더 좋은 직장에 들어가기 위해 다시 경쟁에 매달려야 한다. 어느 정도의 입지와 목표를 이룬 후에도 마찬가지다. 잠시만 주춤해도 수많은 경쟁자들이 자신의 지위를 넘본다. 어디 그뿐인가. 이제는 자동화 기계도 모자라 인공지능마저 밥그릇을 노리는 형편이다. 머리가 터질 것 같고 그만두고 싶지만 그럴 수 없다. 해가 뜨면 다시 그 치열한 경쟁의 장으로 돌아가야 함이 우리네 숙명이다.

진(晉)이야말로 이러한 상황을 가장 잘 표현한 단어다. 지금 바로 전진하지 않으면 반드시 뒷사람에게 추월을 당하기에, 끊임없이 전진해야 한다는 것이다.

마땅히 해야 할 일이 있다면 요행을 바라거나 타인에 의존해서 하기보다는 자기가 주체가 되어서 실천해야 하고, 이는 진취력 없이는 불가능하다. 경쟁에 돌입했다면 진취적 마인드는 꼭 갖춰야 하는 자질이다. 문제는 이 '강인하고 강력한 의지'를 성공을 위한 추진력으로 만들기가 쉽지 않다는 점이다. 저명한 성공학자 나폴레온 힐(Napoleon Hill)이 진취력을 콕 집어 "극히 얻기 어려운 미덕 중 하나"라고 한 데에는 다 이유가 있다.

하버드 대학의 한 조사에 따르면 "세계에서 93%에 해당하는 사람들이 질질 끄는 나쁜 습관으로 인해 일을 성취하지 못한다."고 한다. 결국 진취력을 저해하는 가장 나쁜 습관은 실행을 미루는 게으름이다. '바로 지금' 해야 한다. "좀 있다가 할 것이다.", "내일 시작하겠다."라고 입버릇처럼 말하는 사람이 자신의 목표를 제대로 이루는 모습을 본 적이 있는가? 성취하려면 주저하거나 망설이지 말아야 한다.

루이스 캐럴(Lewis Carroll)의 소설 『거울 나라의 앨리스』에는 여왕

레드퀸이 등장한다. 뒤로 움직이는 체스판 모양 마을에서 레드퀸은 앨리스의 손을 잡고 빨리 달리지만 제자리에서 벗어나지 못한다. 여왕은 말한다. "여기에서 제자리에 머물기 위해서는 힘을 다해 뛰어야 한다. 만약 앞으로 가고 싶으면 지금보다 두 배는 더 빨리 달려야 한다." 매순간 환경이 급변하는 상황에서는 적당한 대처가 자신을 위험에 빠트릴 수도 있음을 명쾌히 설명하고 있다. 이는 "계속해서 발전하는 경쟁 상대에 맞서 끊임없는 노력을 통해 발전하지 못하는 주체는 결국 도태된다."라는 레드퀸 가설로 명명되었다. 그리고 우울하기는 하지만, 이것이 현대사회의 현실이다.

우리는 가끔 본분을 잊고 무작정 멍해질 때가 있다. 마치 누군가 나에게 "레드썬!"을 외쳐서 최면을 건 것처럼. 그리고 문득 눈을 떠 보면 시간은 한참 흘러갔고, 경쟁에 뒤처진 자신을 발견하게 된다. 그렇게 도태된 상황을 그저 운명으로 받아들일 것인가. 자신의 운명을 바꾸고 인생을 개척하고 싶다면 레드썬이 아닌, 레드퀸의 마인드를 자신의 것으로 만들어야 한다.

●●● 한결같은 끈기가 필요하다

恒 : '항(恒)'은 영구하다, 영원하다,
꾸준하다 등의 의미를 나타낸다.

항(恒)은 끈기 있는 태도를 지속한다는 것이다. 어떤 일을 하든 꾸준한 자세를 잊어서는 안 된다. 중국 속담에 "사흘간 고기를 잡고 이틀간 그물을 말린다."라는 말이 있다. 어떤 일이든 변하지 않는 태도로 꾸준히 노력해야지 하다 말다 하면 그 어떤 성과도 거둘 수 없다는 뜻이다. 당나라 때 시인 이백(李白)의 일화는 끈기가 성공을 이루는데 얼마나 중요한지를 잘 보여준다.

학문을 위해 상의산(象宜山)에 들어갔던 이백은 공부에 싫증이 나 산에서 내려오던 중 한 노파와 마주친다. 그녀는 냇가에서 열심히 바위에 도끼를 갈고 있었다. 그 모습이 너무 기이했던 이백이 노파에게 물었다.

“할머니, 지금 무엇을 하고 계신 것입니까?”

“바늘을 만들려고 한단다.”

노파의 대답을 들은 이백이 기가 막혀서 큰소리로 웃으며 되물었다.

“어떻게 도끼를 바늘로 만든다는 말씀입니까?”

이에 노파는 가만히 이백을 쳐다보며 꾸짖듯 대답했다.

“얘야, 비웃을 일이 아니다. 중도에 그만두지만 않는다면 언젠가는 이 도끼로 바늘을 만들 수가 있단다.”

이 말을 들은 이백은 크게 깨달은 바가 있어 그 후로는 한눈팔지 않고 글공부에 매진했다고 한다. 그가 고금을 통하여 대시인으로 불리게 된 까닭은 이러한 경험이 계기가 되었기 때문일 것이다.

“아무리 어려운 일이라도 꾸준히 노력하면 이룰 수 있다.”라는 의미의 ‘마부작침(磨斧作針)’은 바로 이 일화에서 비롯되었다.

영국 작가 조지프 애디슨(Joseph Addison)은 “만약 당신이 성공하고 싶다면 끈기를 좋은 친구로 삼고 경험을 현명한 조언자로, 신중함을 형님으로, 희망을 수호신으로 삼으라.”라고 말했다. 또한 우리나라 속담에 “낙숫물이 댓돌을 뚫는다.”라는 말도 있다. 비록 작은 힘이라도 끈기 있게 계속 노력한다면 틀림없이 성공하게 된다.

열정과 패기는 한결같아야지 쉽게 변하면 안 된다. 수시로 이상과 비전을 바꾸어서도 안 된다. 인간에게는 변하지 않는 원칙과 신념이 있어야 한다. 이유를 붙여서 이랬다저랬다 한다면 목표가 불안정해지면서 성취가 불가능해진다.

성공한 사람들에게 그 비결을 물어보면 '끈기'를 빼놓지 않고 이야기한다. 방사성 원소를 최초로 발견해 노벨상을 수상한 마리 퀴리(Marie Curie)는 "사람은 끈질긴 의지력이 있어야 한다. 그렇지 않으면 어떠한 일도 이뤄낼 수 없다."라고 말했다. 퀴리 부인은 여성 차별이 심한 시대를 살며 어려운 형편으로 곤란을 겪으면서도 학문에 대한 의지를 꺾지 않았다. 장애물이 있다고 해서 의지와 노력을 중단한다면 어떤 일도 해낼 수 없다.

창의 없는 모방은 독이 된다

頤 : '이(頤)'는 보양하다, 휴양하다, 기르다 등의 의미를 나타낸다.

스스로의 힘만으로 성공을 거두기란 쉬운 일이 아니다. 그러한 까닭에 권위자의 힘에 기대거나 타인의 아이디어를 빌려 성공을 도모하는 사람이 적지 않다. 실제로 성과를 내는 데 있어 모방은 효율적인 수단이기도 하다. 문제는 시대의 흐름이 더 이상 모방만으로는 성공을 허락하지 않는다는 데 있다.

우리나라 자영업자의 수는 네 분기 연속 증가하며 600만 돌파를 눈앞에 두고 있다. 이는 곧 프랜차이즈 산업의 호황을 의미한다. 이미 다양한 보도를 통해 많은 이들이 알고 있는 얘기지만, 자영업자가 성공할 확률은 극히 낮다. 프랜차이즈 산업이 호황이라고는 하나 관련 기업의 배만 부를 뿐, 개인 사업자가 자신이 원하는 만큼 이윤을 창출해 내기가 힘든 상황이다. 여기에는 무분별한 모방이 한몫을 하고 있다.

예를 들어 자영업자들이 가장 많이 뛰어드는 요식업을 살펴보자. 얼마 전에 카스텔라가 크게 주목을 받았다. 대만에서 건너온 이 카스텔라는 부드러운 식감과 엄청난 크기, 저렴한 가격으로 대중에게 큰 사랑을 받았다. 이 카스텔라를 파는 집 앞에는 시간대를 가리지 않고 사람들이 길게 줄을 서곤 했다. 하지만 비슷한 형태, 비슷한 이름의 카스텔라 판매점이 폭발적으로 증가했고 희소성이 적어진 만큼 대중의 관심도 급속히 줄어들기 시작했다. 기본기도 없이 급하게 뛰어든 사람들에게도 무분별하게 점포를 내 주는 바람에 상품 자체에 대한 부정적 시선마저 생겨났다. 결국 후발 주자는 물론 기존 업체들마저 한꺼번에 공멸하기에 이르렀다. 비단 요식업만이 아니다. 몇 걸음만 가면 눈에 띄던 인형뽑기방 역시 비슷한 상황에 처했다. 이와 비슷한 사례는 손을 꼽을 수 없을 만큼 많다.

왜 이러한 상황이 발생했을까? 바로 창조적 아이디어를 내고 이를 구현할 기술을 습득하려는 의지가 부족했기 때문이다. 그저 타인의 성공에 발맞추어 허겁지겁 쫓아가기만 급급하다가 시간과 돈이라는 자산을 모두 날리고 만 것이다. 그래서 필요한 것이 바로 이

(頤)다. 스스로의 힘으로 자신에게 맞는 길을 찾고 성장해야 한다는 것이다.

우리나라는 자영업자의 비율이 해마다 늘어나고 있고 이는 사업을 함에 있어서 치열한 경쟁을 피할 수 없다. 그렇기 때문에 사업을 시작할 때 다른 사람이 성공한 아이템을 맹신하거나 모방해서 쉽게 도전하려는 태도는 버려야 한다. 반드시 자기 자신에 대한 철저한 분석이 먼저 이루어져야 한다. 스스로에게 가장 잘 맞는 업종이나 경영 방식을 채택해야 하며, 사업의 운영과 관리에 있어서도 각고의 노력 끝에 찾아낸 자신만의 가치와 비전을 수립하고 적용해야 한다.

새로운 아이디어를 창조하고 자신에게 가장 알맞은 경영 방식을 찾아내라고 하면 막막하게 느껴질 수 있다. 하지만 이 세상에 완전히 새로운 것이란 없다. 새로운 아이템의 창조 역시 기본적으로 모방에서 시작한다. 다만 다른 사람의 성공 사례를 참조하되, 생각 없이 모방하지 말고 이를 완전히 자신의 스타일로 소화하려는 노력이 필요하다. 나는 이 세상 그 누구와도 다르다. 커다란 성공을 거둔 사람처럼 아무리 흉내를 내도 그렇게 될 수 없다. 남들이 한 번도 밟지 않은 길을 가야 더 성공에 가까워지는 시대에 살고 있음을 잊지 말아야 한다.

●●● 참고 기다릴 줄도 알아야 한다

需 : '수(需)'는 필요로 하다,
요구되다, 수요 등의 의미를 나타낸다.

눈 깜짝하면 세상이 변한다. 시대의 흐름에 발맞추지 못하는 사람은 곧 도태되고 만다. 그러나 이럴 때일수록 냉정하게 자신을 되돌아보고 인내심을 발휘하는 지혜가 필요하다. 마음이 조급하여 무작정 달려들었다가는 일을 그르치기 십상이고, 그렇게 되면 쓸데없이 시간과 정력만을 소모하게 된다. 목표가 있고 인내심을 가지고 이를 끝까지 밀어붙일 수만 있다면 그만큼 사회에서 성공할 확률도 높아진다. 다음 일화는 인내심의 중요성을 잘 보여준다.

제2차 세계대전이 발발하기 전 어느 날, 영국 수상 처칠과 독일의 독재자 히틀러가 함께 화원을 거닐다가 호숫가에 이르렀다. 갑자기 처칠이 늪 속에 있는 고기를 누가 먼저 잡을 수 있겠느냐며 히틀러에게 내기를 제안했다. 단 낚싯대를 이용하지 않고 잡는 것을 조건으로 달았다. 이에 히틀러는 속으로 '그거야 누워서 식은 죽 먹기지.' 하고 생각하며 바로 권총을 꺼내어 물속을 향해 총질을 해댔다. 하지만 한 마리도 맞히지 못했다. 몇 차례 더 시도하던 히틀러는 곧 "난 포기했어요, 이제는 당신 차례요." 하고 말했다.

가만히 이를 지켜보던 처칠은 천천히 호주머니에서 숟가락 하나를 꺼내더니 늪의 물을 한 숟가락씩 퍼서 옆 도랑에 부었다. 이것을 보고 있던 히틀러가 말했다.

"언제까지 이렇게 할 거요?"

"이 방법은 비록 시간이 오래 걸리겠지만, 당신이 기다릴 수만 있다면야 최후의 승리는 반드시 나의 것이지요."라고 처칠이 웃으며 대답했다.

수(需)는 무언가를 필요로 할 때는 반드시 참을성 있게 기다려야 함을 뜻한다. 위의 일화에서 알 수 있듯 물고기라는 목표를 손에 쥐려면 기다릴 줄도 알아야 한다. 인내심을 가지고 지혜와 기술을 습득하려는 노력을 끝까지 하는 사람에게는 반드시 기회가 오기 마련이다. 기회가 온 후에도 달뜨거나 허둥대지 않고 차분히 한 걸음씩 앞으로 나아가야만 성공 확률이 높아진다.

인내심이 부족한 사람은 곧 성격도 급하기 마련이다. 조급한 마음에 다 된 일도 그르치고 만다. 성공에 거의 다다른 시점에서 잘못된 속단으로 일을 망치게 되면, 그 후유증은 두 배, 세 배 더 크게 다가온다. 찻숟갈 하나로 연못의 물을 전부 떠낼 수 있다는 자신감. 그러한 인내심이 결국 원하는 바를 손에 쥐어 줄 것이다.

●●● 새로운 길을 만들어야 한다

大過 : '대과(大過)'는 크게 잘못하다,
지나치게 넘치다 등의 의미를 나타낸다.

사회생활을 하다 보면 반드시 견딜 수 없을 만큼 커다란 압박에 시달리기 마련이다. 주변 환경이 주는 압박은 말할 것도 없으며, 자신이 능력이 부족하다고 느낌으로써 스스로에게서 비롯되는 압박도 적지 않다. 이렇게 부담이 커지는 상황을 견디지 못하면 결국 자신감은 떨어질 대로 떨어지게 되고 "이 길은 나와 맞지 않다."는 결론에 이르게 된다. 추후의 결과야 어찌되었든 결국 한 번은 쓰디쓴 실패를 경험하게 되는 것이다.

대과(大過)는 사물이 너무 크고 무거우면 마치 대들보가 압력에 휘어지는 것처럼 됨을 이야기한다. 그렇기 때문에 과도한 압력을 제거하고 바로잡아야 모든 일이 순조롭게 진행된다는 것이다.

대개 우리가 사회에서 겪는 압박은 경쟁에서 온다. 경쟁할 필요가 없는 상황에서 자신에게 맡겨진 일만 해도 된다면 마음이 불편할 일은 현저히 줄어든다. 현재 대한민국 사회에 불어닥친 공무원 열풍 또한 이와 무관하지 않다. 물론 월급을 많이 주는 대기업에 입사하기가 하늘의 별 따기가 된 상황도 있지만, 오랫동안 안정된 자리를 보장하는 공무원 사회가 청년들에게는 제법 매력적인 곳으로 다가온 것이다. 하지만 그 편안한(?) 자리는 한정되어 있으며, 대다수의 성인은 경쟁의 장으로 발길을 돌려야 한다.

치열한 경쟁의 장, 그 한가운데에 놓여 있는 상황에서 어떠한 위기가 오더라도 휘어짐 없이 꿋꿋하게 앞으로 나아가려면 우리는 무엇을 해야 할까? 눈앞에 다가온 압박을 회피할 수도 있겠지만, 조금 더 높은 곳으로 나아가고자 한다면 결국은 이겨내야 함이 옳다. 그렇다면 경쟁에서 승리하기 위한 비법, 즉 '출기제승(出奇制勝)'의 전략을 갖추어야 한다. 이는 다른 이들이 쉽게 생각해 내지 못하는 기발한 전략을 통해 승리함을 뜻한다.

『손자병법』에서도 상대방이 생각지도 못했던 방법을 먼저 써서 상대방의 기를 꺾어 기승(奇勝)을 해야 한다는 내용이 나온다. 치열한 경쟁의 장 속에서 현명한 행동과 계책이란 결국 남들이 생각하지 못하는 기발한 발상에서 비롯된다는 것이다.

수많은 경쟁자들 틈에서 성공을 거두고자 한다면 반드시 기발한 사고와 전략이 필요하다. 남들이 다 하는 방법을 쓰고 남들이 다 가는 길을 따라 걷는 것은 실패에 더 가까워질 뿐이다. 인류 역사를 돌아보더라도 커다란 성공을 거둔 이들은 대부분, 이전에 누구도 시도해본 적 없는 것으로 자신만의 새로운 길을 만들어 왔다. 치열한 경쟁에서도 밀리지 않고 앞으로 나아갈 수 있는 힘이 바로 거기에 있기 때문이다.

••• 매일 새로워져야 한다

革 : '혁(革)'은 변혁하다,

고치다, 바꾸다 등의 의미를 나타낸다.

21세기 들어 해가 거듭할수록 '혁신'이 가속화되고 있다. 조금이라도 주춤거리는 순간 혁신의 속도를 따라잡지 못해 도태되는 기업이 한둘이 아니다. 지난 세기에 전 세계 가전 시장을 제패했던 일본 기업들의 끝없는 몰락은 이를 잘 보여준다. 애플을 위시하여 현재 미국 브랜드 가치 상위권을 차지하고 있는 구글, 아마존 등은 기업운영의 최우선 가치로 혁신을 외친다. 비단 기업 경영에만 국한되는 이야기가 아니다. 한 개인의 삶에도 혁신이 없으면 행복이 요원해지는 시대가 되었다.

혁(革)은 천지만물은 부단히 변화함을 뜻한다. 아무리 좋은 상품이라고 해도 사회의 변화에 따르지 못하면 바로 버려지게 된다. 인간도 마찬가지다. 이제 사회에서 구성원으로서 제 구실을 해 내려면 끊임없이 변화와 발전을 추구해야 한다.

괴테는 "우리는 반드시 부단히 변혁하고 새것을 창조해야 청춘의 활력이 넘쳐날 수 있다. 그렇지 않으면 교착상태에 빠지게 된다."라고 말했다. 세상만물이 끊임없이 변화하는 것처럼 인간 역시 기존의 낡은 틀에 얽매여 제자리걸음을 하지 말아야 한다. 결국 인간 자체도 이 세상의 일부분일 뿐이며, 이러한 점을 명확히 인지한다면 혁신을 위한 노력은 운명이나 마찬가지다.

주변을 돌아보면, 지난날에 매달려 현재에 집중하지 못하는 이들을 적지 않게 만나곤 한다. 잘못에 대한 후회와 이미 유효기간이 지난 열망에 집착하다가 인생이 그릇된 방향으로 나아가는 것이다. 과거에 매달리는 것은, 자신의 능력과 가능성에 스스로 한계를 만드는 행위다. 21세기 사회를 성공적으로 살아가고 싶다면, 변화하는 상황과 시기에 순발력 있게 대응해야 한다.

혁신을 자신의 능력으로 만들기 위해 선행되어야 할 사항은 바로 구태(舊態)의 타파다. 편안한 상황에만 안주하려는 유약한 마인드, 성공을 망치는 오랜 습관 등을 바로 개선하려는 의지가 곧 혁신이다. 더 혁신을 추구할 때 또 하나 명심해야 할 사항이 있다. 혁신에 필요한 모든 조건이 갖추어졌는지, 시기는 적절한지를 꼭 살펴야 한다. 만약 그렇지 못한 상태에서 혁신을 해야겠다는 의욕만 갖고 일을 밀어붙인다면 급작스러운 변화에 적응하지 못해 일을 망칠 수도 있다. 과욕은 금물이다. 무턱대고 새로움을 추구하다가는 스스로는 물론이요 자신이 몸담은 조직의 미래까지 망칠 수도 있다. 그리고 혁신이 아집이 되지 않도록 혁신이 성공한 다양한 사례와 비교하고 주변에 조언과 동의를 구해야 한다.

21세기 최고의 기업가들 중 우리의 뇌리에 가장 인상 깊게 박혀 있는 인물은 바로 스티브 잡스(Steve Jobs)다. '애플(APPLE)'의 CEO로서, 아이폰 시리즈를 통해 그가 추구해 온 혁신의 행보가 그만큼 충격적이었기 때문이다. 물론 애플이 현재 최고 기업의 위치에 오른 데에는 다음 CEO 팀 쿡(Tim Cook)의 영향력과 행보를 빼고 논할 수는 없다. 하지만 많은 이들이 애플이라고 하면 스티브 잡스를 먼저 떠올리고 그를 그리워하는 까닭은 무엇일까. 이제 아이폰은 비싼 만큼 성능이 좋은 스마트폰일 뿐이지, 더 이상 혁신의 아이콘이 아니기 때문이다.

미래를 준비하라. 그리고 오늘 당장 시작하라. 지금 당장 시작해도 늦는 것이 바로 혁신이다.

●●● 한 발 앞을 내다봐야 한다

豫 : '예(豫)'는 즐겁다,

기뻐하다, 놀다 등의 의미를 나타낸다.

성공을 거두기도 힘들지만, 성공 이후 그 지위를 유지하기란 더욱 어렵다. 샴페인을 너무 일찍 터트렸다가 금융위기를 겪고 20년 가까이 그 후유증에 신음하는 나라가 바로 우리나라다. 하나의 국가도 이러한데 기업은 말할 것도 없다. 불과 몇 년 전만 해도 세계를 주름잡던 기업이 순식간에 위기 경영 체제로 돌입하는 경우가 허다하다.

미국 실리콘밸리의 대표적 유니콘(기업가치 10억 달러 이상, 설립한 지 10년 이하의 신생 벤처기업)인 우버(UBER)의 몰락은 이를 여실히 보여준다. 한때 기업가치가 500억 달러에 이르렀던 우버는 각종 악재에 신음하며 급속도로 몰락하고 있다. 직장 내 성추문 폭로, 기술 절도 혐의 등으로 기우뚱거리더니 급기야 우버 신화를 창조했던 트래비스 칼라닉(Travis Kalanick)이 CEO 자리에서 물러나고 말았다. 그리고 많은 전문가들은 우버의 몰락 요인이 외부가 아닌 내부에 있었음을 강조한다. 능력제일주의 기업문화, 불법 행위도 불사했던 CEO의 과욕, 현장 직원들의 목소리에 귀 기울이지 못한 점 등을 그 이유로 꼽았다.

예(豫)는 즐거움과 기쁨 때문에 아무런 대비 없이 현재에 안주한다면 우환을 면치 못한다는 것이다. 우환이 닥쳐서 '소 잃고 외양간 고쳐'도 손실은 피할 수가 없다. 어떤 일이든 마찬가지다. 미래에 대한 계획을 철저히 세우며 위험을 예측하고 대비한다면 성공에 이를 수 있지만 그렇지 못한 경우에는 실패할 가능성이 더 크다.

기업 경영만이 아니라 인생 경영 또한 크게 다르지 않다. 능력이 있는 사람은 언제나 문제가 발생하기 전에 문제를 예방한다. 능력이 조금 부족한 사람은 언제나 문제가 발생하려 할 때쯤에야 문제를 인식하고 해결하려 허둥댄다. 능력이 많이 부족한 사람은 언제나 문제가 발생한 후에야 뒤늦게 해결하려 애쓰지만 결국 커다란 손해를 보게 된다.

고대 로마가 대국으로 나아가던 시기에 로마 사람들은 모두 당연하다는 듯이 나라를 지키겠다는 의무감을 갖고 있었다. 그러나 나라가 번성하고 생활이 안정되면서 로마 사람들은 스스로 나라를 지키지 않고 고용병이 이를 대체하게 했다. 그러자 강성했던 로마는 점점 쇠약해져서 멸망에 이르게 된다.

이미 우환이 닥친 후에 문제를 수습하는 상황을 만들지 않으려면 시대를 앞서가는 의식을 가져야 한다. 당장 눈앞의 상황에만 집중해서는 안 된다. 중국 최대 전자상거래 기업인 알리바바 그룹의 창업주 마윈(Ma Wun)은 시대를 앞서는 인물 가운데 한 사람이다. 초창기 모든 사람들이 일반 소비자를 대상으로 하는 거래를 해야 한다고 주장했을 때도 마윈은 기업 간 거래로 규모를 키우면 이윤도 늘어난다고 생각해서 이를 밀어붙였고 그의 예상대로 알리바바는 급성장하기 시작했다.

이처럼 뛰어난 능력을 발휘하기 위해서는 시대를 앞서가는 의식을 가져야 한다. 모든 사람이 쉽게 판단내릴 수 있는 현재의 상황을 뛰어넘어 한발 앞선 사고, 한발 앞선 연구, 한발 앞선 행동을 해야 한다. 그래야 발전할 수 있고 미래에 닥칠 위기까지도 잘 극복할 수 있게 된다. 식견이 현재에 머물러 더 이상 발전하지 않는 자는 자기 자신은 물론 몸담은 조직마저 위험으로 몰아넣을 가능성이 적지 않다.

●●● 확고한 결단력을 갖춰야 한다

夬: '쾌(夬)'는 『역경』에서 결단의 의미로 풀이된다.

우리는 삶을 살아가며 수없이 많은 선택의 기로에 서게 된다. 그리고 얼마나 옳은 결정을 하느냐에 따라 미래는 천차만별로 뒤바뀌게 된다. 그토록 중대한 선택의 순간, 재차 고민하고 머뭇거리는 것은 어쩌면 당연한 일이다. 다만 너무 시간을 끌었다가 아예 선택의 기회마저 놓치는 우를 범할 수도 있다. 빠른 일처리가 하나의 능력인 시대, 특히나 대한민국 사회에서 살아남고자 한다면, 신속하게 탁월한 결정을 내리는 '결단력'을 기를 필요가 있다.

쾌(夬)는 결단력을 갖고 있어야 모든 일에 유리함을 의미한다. 빠른 시일 내에 올바른 결정을 내려 이를 행동에 옮길 수만 있다면, 여

타 경쟁자보다 우위를 점할 수 있다. 중요한 점은 마구잡이식 결단이 돼서는 안 된다는 사실이다. 결단을 내릴 때 꼼꼼히 따져봐야 할 사항들을 한번 살펴보자.

첫째, 기회를 잘 선택해야 한다. 오로지 독단적으로 결단을 내려서는 안 된다. 자신은 물론 조직의 이익을 책임지는 위치에 있다면 더더욱 그 상황에 적합한지, 결단을 내리기에 적절한 기회인지를 잘 판단해야 한다. 분위기에 휩쓸리거나 자신의 감정에만 의존에 결단을 내리지 않도록 주의해야 한다.

둘째, 결단력을 기르려면 여유를 가져야 한다. 신속해야 한다고 했지만, 허둥지둥하라는 말이 아니다. 침착함을 잃지 말고 냉정한 시선을 현재 처한 상황을 파악하는 능력을 갖추어야 한다. 이를 위해 우리는 자신만의 명확한 기준을 세워야 한다. 중대한 선택 혹은 위기의 상황에서 믿고 따를 수 있는 기준이 있다면 결정은 한결 수월해진다.

셋째, 주변의 의견을 폭넓게 수렴해야 한다. 아무리 뛰어난 능력을 갖춘 이라도 모든 선택의 기로에 있어 100% 옳은 결정을 할 수는 없다. 분명 특정 분야에서는 자신보다 오랜 경력과 식견을 갖춘 베테랑이 있기 마련이다. 그들의 이야기에 귀 기울임은 물론 후배나 동료가 지나가며 하는 소리 하나에도 관심을 가지는 태도가 중요하다. 어떠한 결단에 대한 신뢰를 얻고자 한다면 관련된 이들의 의견을 경청하는 자세가 우선이다.

넷째, 이해관계도 따져봐야 한다. 지금 당장의 이익은 물론이고 장기적으로 취할 수 있는 이익까지 고려해야 한다. 대부분의 결정이 그렇지만, 사회생활에서의 결정이란 곧 더 큰 이익을 내기 위한 최선의 선택임을 늘 잊지 말아야 한다. 당연히 자신에게 득이 되어야 하지만 너무 그쪽으로만 골몰한 나머지 타인에게 해가 되어서는 좋은 결단이라 할 수 없다.

언제나 신속하고 결단력 있게 대책을 마련하는 자만이 성공할 수 있다. 때로는 빠르게 결정을 내리고 밀어붙였다가 실수를 범할 수도 있다. 그렇더라도 우유부단함 때문에 모든 판단과 결정을 유보하는 것보다는 실수나 그에 따른 일말의 손해가 발생하더라도 결단력을 갖춰 실행해야 더욱 성공할 확률이 높아짐을 잊지 말아야 한다.

●●● 과감하지만 신중하게 도전해야 한다

履 : '리(履)'는 밟다, 실행하다, 이행하다, 걷다 등의 의미를 나타낸다.

생선을 요리할 때 주의사항은? 뜬금없이 무슨 생선 요리냐며 반문할지 모르지만, 생선요리를 잘하는 사람이야말로 경영의 달인일지 모른다.

일찍이 노자(老子)는 "큰 나라를 다스리는 것은 작은 생선을 지지는 것과 같다."[治大國若烹小鮮]라고 했다. 생선 요리를 한 번이라도 해 본 사람은 알 수 있다. 괜히 더 먹음직스러운 음식을 만들겠다고 생선을 이리 뒤집고 저리 뒤집으면 금방 살이 다 부서지고 요리를 망친다는 사실을. 국가 경영도 그만큼 신중해야 하고 기다릴 줄 아는 여유도 있어야 함을, 노자는 생선 요리에 빗대어 강조했다.

사실 한 사람의 인생도 이와 크게 다르지 않다. 괜히 이것저것 일만 벌여 놓고 매사 번잡하게 무언가 하고 있지만, 성과가 따르지 않는 경우가 부지기수다. 꼼꼼히 자신이 처한 상황을 돌아보고, 하나의 목표가 정해진 후에는 가만히 일의 경과를 지켜보는 신중함은 반드시 필요한 삶의 자세이다.

리(履)는 모든 행동을 할 때는 반드시 신중해야 함을 강조하는 말이다. 한 걸음, 한 걸음 신중하게 주변을 살피며 목표를 향해야 함을 뜻한다. 하지만 신중함이 전부가 아니다. 더 큰 성공, 더 큰 행복을 위해서는 과감해질 때는 거침없이 도전해야 함이 순리다. "배가 항구에 있으면 가장 안전하지만, 그것이 배의 존재 이유는 아니다."라는 괴테의 말에서 잘 알 수 있다.

동서고금에 성공한 사람치고 풍파를 겪지 않은 사람은 없다. 콜럼버스의 신대륙 발견, 중국 정화의 7차 항행, 노벨의 다이너마이트 발명 등등 역사상 유명한 사건은 모두 모험에서 시작되었다. 모험은 도박이 아니다. 일시적으로 그들의 뇌에 문제가 생겨서 저지른 일도 아니다. 이는 모두 냉철하고 대담한 선택이며 탁월한 상상력과 재주로 현실을 뛰어넘은 것이다. 물론 현실적인 목표에서 완전히 벗어나서는 안 된다.

그리스 신화에는 이카루스 이야기가 나온다. 그는 하늘을 날기 위해 큰 새의 깃털을 모아 밀랍으로 이어 붙여서 날개를 만든다. 이 날개로 하늘을 높이 날겠다는 목표를 세웠고, 그의 아버지는 태양과 적당한 간격을 유지하면서 날아야 한다고 충고를 했다. 그러나 하늘을 날아오를 수 있다는 사실에 너무 흥분한 나머지 이카루스는 아버지의 충고를 무시하고 태양 가까이까지 가고 말았다. 결국 뜨거운 태양열에 밀랍이 녹으면서 날개가 떨어졌고, 이카루스는 바다에 추락하고 말았다.

주위를 둘러보면 이카루스와 같은 사람들을 흔히 찾아볼 수 있다. 자신을 향한 근거 없는 과신이 탈을 불러 천금과도 같은 시간을 날리고 다시 바닥부터 시작하는 사례는 셀 수 없이 많다. 결국 주변 상황을 철저히 분석하는 신중함을 완전히 자신의 것으로 체득한 후에야 모험도 가능하다는 이야기다.

더불어 세상이라는 커다란 바다에 출항할 때 반드시 갖추어야 할 사항은 '식(識)'과 '담(胆)'이다. 식견 없이 모험을 감행하다가는 일이 엉망이 되고 말 것이며, 기백 없이 모험에 임하면 상황에 우유부단하게 끌려 다니게 될 것이다. 끊임없이 지혜를 강구하고, 매사 신중한 태도를 유지하고, 그 무엇에게도 지지 않겠다는 담력을 갖추기만 한다면 아무리 거친 바다 한가운데에서도 가장 커다란 물고기는 자신의 몫이 될 것이다.

••• 기회를 발견하고 잡아야 한다

姤

姤 : '구(姤)'는 착하다,
어질다 등의 의미를 나타낸다.

평생을 살아가면서 천금과 같은 기회는 과연 몇 번이나 올까? 어떤 사람들은 "자신에게는 한 번도 그럴듯한 기회가 온 적이 없고, 그래서 성공하지 못했다."며 하소연을 한다. 하지만 사실일까? 몇 번이나 기회가 왔음에도 깨닫지 못하고 그냥 놓쳐 버린 것은 아닐까? 곰곰이 생각해 볼 일이다.

구(姤)는 인생을 순조롭게 살아가려면 자신에게 다가오는 기회를 놓치지 말고 잘 잡아야 함을 의미한다. 누군가는 살면서 결정적인 삶의 기회가 세 번 온다고 말한다. 누군가는 딱 한 번이라고도 하고 누군가는 열 번 이상은 온다고도 한다. 몇 번이 되었든 무슨 상관이겠는가. 기회가 온 줄도 모르고 하루하루를 보내는 사람들이 적지 않음이 우리네 현실이다.

기회를 뜻하는 영어 'opportunity'는 라틴어인 '옵포르투(obportu)'에서 왔다. 옵포르투는 수심이 낮아 접안을 할 수 없는 상황에서, 수심이 깊어지는 밀물 때를 기다리는 선박을 뜻한다고 한다. 즉 항구에 들어가는 '절호의 기회'를 기다리는 것이다.

사전적으로 기회는 '어떠한 일을 하는 데 적절한 시기나 경우'라고 풀이된다. 사회생활을 하다 보면 시험, 입사, 승진, 전업(轉業) 등 기회가 될 만한 순간들이 밀물처럼 주기적으로 찾아온다. 문제는 노력과 집중이 부족하여 기회를 날리고서는 '지금은 때가 아니었다.'라며 기회 자체가 원래 없던 것으로 치부하는 데 있다.

미국 방송 역사상 최고의 TV쇼 진행자로 꼽히는 오프라 윈프리(Oprah Gail Winfrey)는 한때 깊은 절망 속에서 어린 시절을 보내야 했다. 사생아 출신이라는 이유로 멸시를 받았던 그녀는 불과 9살의 나이에 친척에게 성폭행을 당한다. 그뿐만 아니라 14살 때는 미혼모가 되고 2주 만에 아이를 떠나보내는 비극을 겪는다. 그렇게 마약에 빠져 10대를 보냈던 그녀는 어떻게 세계에서 가장 영향력 있는 인사이자 미국을 대표하는 방송인이 되었을까?

"나는 행운이란 준비와 기회의 만남이라고 생각한다."라는 그녀의 말 그대로다. 언제 갑자기 찾아오더라도 기회를 잘 살릴 수 있도록 준비가 돼 있지 않다면, 기회는 그저 한낱 평범한 일상에 불과한 것이다. 따라서 자신이 몸담은 분야에서 최고가 되려는 노력, 자신이 맡은 임무만큼은 완벽히 끝내겠다는 열정이 몸에 배어야 한다.

기회란 비단 일에서만 국한되는 말이 아니다. 모든 인간관계 역시 마찬가지다. 자신을 올바른 길로 인도해 줄 조력자와의 만남 또한 쉽지 않은 일이며 그 귀한 인연을 오래 이끄는 것은 더욱 어렵다. 더구나 경쟁이 치열해지고 개인주의가 심화되어 감에 따라 힘이 되어주는 상사와 후배, 동료 그리고 연인을 만나기란 더욱 힘들어졌다. 잠시 스쳐 지나가는 인연이라도 섬세히 살피고, 오랫동안 곁에서 봐야 할 이들에게는 더욱 관심을 기울여야 한다.

고대 그리스 철학자 소크라테스는 "성공할 가능성이 가장 큰 사람은 재주만 좋아서는 안 된다. 기회를 잘 발굴해서 개척하는 사람이다."라고 말했다. 가뭄에 콩 나듯 찾아오는 기회를 살리고 싶다면, 늘 신중하고 겸손한 태도로 자신의 능력을 더욱 향상시키려는 노력이 필요하다. 그렇게 모든 일, 모든 인연에 집중하고 애정을 쏟다 보면 성공은 어느덧 자신의 곁에 있을 것이다.

● ● ● 눈앞의 이익에 사로잡히지 말아야 한다

屯 : '준(屯)'은 곤란하다,
번민하다, 망설이다 등의 의미를 나타낸다.

준(屯)은 곤란하고 어려운 상황에서도 새로운 성과나 성취가 발생한다는 것이다. 모든 성취에는 희생이 따른다. 갈릴레이는 자유를 포기하면서까지 자기의 학설을 고수했으며, 빌 게이츠는 학위를 포기한 대신 곧장 비즈니스에 뛰어들어서 세계 최고의 재벌이 되었다. 당장의 작은 성취와 안위에 연연하기보다는 자신의 능력을 믿고 더 커다란 미래의 가능성에 인생을 투자한 결과였다.

우리는 살아가면서 눈앞에 있는 이익을 취할지 말지에 대해 고민하게 된다. 분명 조금 더 버티고 기다린다면 더욱 알차고 달콤한 결실이 올 것임을 알면서도 망설이는 것이다. 이러한 상황을 잘 나타내는 단어로 곤란하다, 번민하다, 망설이다 등의 의미를 나타내는 '준(屯)'을 들 수 있다. 눈앞에 놓인 당장의 이익과 가능성을 염두에 둔 미래의 더 큰 이익 중 우리는 어떠한 선택을 해야만 할까?

한 젊은이가 부자를 찾아가 부자가 되는 비결을 가르쳐 달라고 했다. 그러자 부자는 수박 하나를 가져와서는 크기가 같지 않게 3등분으로 나누고 청년에게 "만약 수박을 나눈 조각들이 각각 일정한 이익을 대표하고 있다면 젊은이는 어느 것을 골라 먹겠어요?" 하고 물었다. "물론 제일 큰 것을 가지지요." 하고 젊은이는 서슴없이 말했다. 부자는 제일 큰 것을 들어 젊은이에게 주고 자신은 제일 작은 것을 골라 먹었다. 부자는 크기가 작은 수박을 얼른 먹어치운 후 마지막 남은 한 조각을 들고 먹기 시작했다. 그제야 젊은이는 부자의 뜻을 알아차릴 수 있었다. 부자가 처음에는 자신보다 작은 쪽을 선택했지만 그러한 까닭에 결국 자신보다 많은 수박을 먹었기 때문이다.

무척 단순한 논리이지만 당장의 이익을 눈앞에 둔 상황에서는 잘 떠오르지 않는 발상이다. 비단 수박 한 조각뿐이겠는가. 우리가 사회생활을 하며 겪게 되는 모든 일이 다르지 않다. 지금 잠시 힘들다 하여 작은 이익에 이리저리 휘둘린 채 자신이 가진 가능성을 무용지물로 만드는 우를 범해서는 안 된다.

중국 고사성어 중에 '매경한고(梅經寒苦)'라는 말이 있다. "봄을 알리는 매화는 겨울 추위를 이겨낸다."라는 의미다. 매화를 비롯한 수많은 봄꽃들은 잠시 봄처럼 날이 풀리더라도 한겨울에는 꽃망울을 터뜨리지 않는다. 간혹 시기와 다르게 날이 따뜻해, 일부 가지에서 한두 송이 꽃이 피지만 곧 불어오는 찬바람에 얼어 죽고 만다.

봄꽃은 겨울의 찬바람을 모조리 감내하고, 진정으로 봄이 왔을 때에만 활짝 만개한다. 인생의 봄을 활짝 열어 줄 가능성을 위해, 잠시 기다리고 인내하는 지혜가 반드시 필요하다.

••• 작은 일에도 전력을 다해야 한다

升

升 : '승(升)'은 오르다,
상승하다, 승급 등의 의미를 나타낸다.

나폴레온 힐은 "성공은 실패에서 항상 한 발자국 떨어져 있다. 나의 경험을 살펴보면 한 차례 위기에 직면했을 때 아주 작은 일이 결과를 좌우했다."라고 말했다. 대부분의 사람들이 작은 일은 하찮게 생각하고 하기 싫어하는데, 이것이 바로 성공한 사람과의 차이다. 자신의 분야에서 크게 성공한 사람들의 경험담을 들어보면, 그들은 남이 하기 싫어하는 일도 기꺼이 해냈을 뿐만 아니라 책임이 있다면 손해를 감수해야 하는 일도 감당해 낸다. 성공으로 향하는 길에 있어 중요한 일은 따로 없다. 그것이 크든 작든, 이익이 되든 손해가 되든 자신에게 주어졌다면 어떤 일이든지 모두 중요하다.

승(升)은 부단히 자라고 오른다는 의미로, 작은 것들이 차츰 누적이 되어 크게 이루어짐을 뜻한다. 세상사를 돌아봐도 처음부터 모든 조건이 갖춰져 단번에 목표를 이루고 성공을 취하는 경우는 많지 않다. 천하의 대사는 사소한 일들로 이루어져 있으며, 천하의 어려운 일은 사소한 변화들에 의해 해결이 된다. 아무도 신경 쓰지 않는 사소함을 능히 해내는 능력이 성공을 부르는 것이다.

근대 건축사를 대표하는 루트비히 미스 반 데어 로에(Ludwig Mies van der Rohe)는 "신은 디테일에 있다."라는 명언을 남겼다. 진정으로 화려하고 웅장한 건축물은 사소한 부분 하나하나가 모두 최고의 경지에 이르러야 함을 강조한 말이다. 사회생활도 마찬가지다. 어떠한 업무를 맡게 되든, 사소한 문제까지 완벽히 처리해 내야 능력을 인정받을 수 있다.

대개 사회에서 커다란 성공을 거둔 이들 중 빈주먹으로 시작한 이들이 대부분이다. 학생의 신분에서 작은 것부터 배우며 실력을 키웠거나 말단 직원으로서 상사가 맡긴 작은 일을 열정적으로 완수해 낸 이들이다. 즉 작은 일부터 시작했고 작은 성취들이 축적이 되어 성공이라는 결과물로 나타난 것이다.

또한 성공한 사람들은 위기에 봉착했을 때 누구도 생각지 못했던 대단한 해결책이 있어 위기를 넘기는 것이 아니다. 남들이 대수롭지 않게 여기는 부분들을 수정하고 변화시켜서 결국은 위기를 돌파하고 안정을 찾는다.

치열한 현대 비즈니스에서 이미 수많은 업종들이 경쟁자가 빼곡하게 들어선 포화 상태에 도달했다. 그렇기 때문에 사소한 일에서 실수가 발생하면 바로 경쟁 상대에게 우위를 빼앗길 수 있다. 아무리 작은 임무라도 완벽히 해낼 수 있다면, 당장은 남들이 알아주지 않아도 언젠가 하나의 능력을 인정받을 수 있음을 명심해야 한다.

••• 자신의 능력에 맞는 일을 해야 한다

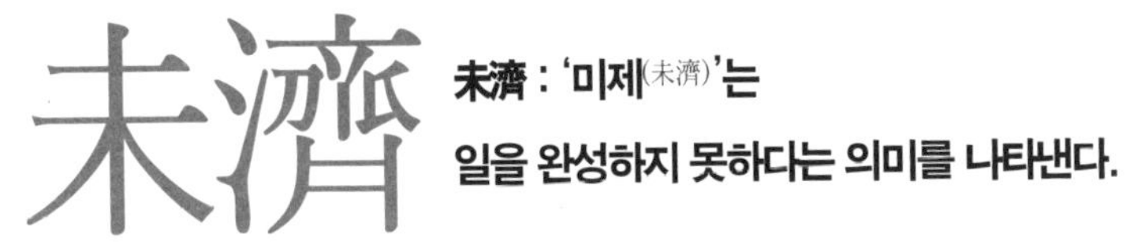

사람은 저마다 장단점을 갖고 있다. 장점만 있는 사람도 없고 단점만 있는 사람도 없다. 하고자 하는 일이 있다면 그 일에 필요한 능력과 자질이 내게 있는지 점검해봐야 한다. 그렇지 않으면 하고 싶다는 생각만으로 어려운 분야의 일이나 실패가 자명한 일을 무턱대고 맡았다가 곤란을 겪을 수도 있다.

미제(未濟)는 일을 제대로 완성하지 못해 유감스럽다는 것이다. 특히 자신의 능력을 제대로 파악하지 못한 상태에서 이러한 상황이 자주 발생한다. 과욕이나 과신 때문에, 혹은 상황에 떠밀려 능력 밖의 일을 맡게 된다면 행운이 따르지 않고서는 완수해 내기란 불가능에 가깝다. 그런 경우 주변에서 신뢰를 잃게 되고 한번 잃어버린 믿음은 보통의 노력으로 되돌리기 무척 힘들다.

사회에서 인정을 받고 성공을 거두는 이들의 공통점은 지혜와 재주가 뛰어나서도 아니고 특별한 일을 선택해서도 아니다. 그저 자기의 능력을 헤아려 그에 맞게 일을 할 뿐이다. 얼마나 빨리 자신의 재능과 잠재력을 찾아내고 발전시키느냐가 성장과 성공의 핵심이 되는 것이다. 자신의 능력에 맞는 일을 찾으려면 자신의 적성에 맞는 공부와 기술을 익히는 것이 선행되어야 한다. 그러나 아직도 많은 학생들이 자신의 적성에 맞는 공부를 하기보다는 돈을 많이 벌 수 있고 취업이 잘되는 분야를 선택해 공부하고자 한다. 그래서 인기 있는 분야에만 학생들이 몰려 경쟁은 더 심화되며, 그 분야에서 공부하고 실력을 쌓았다고 해도 훗날 그 선택을 후회하면서 뒤늦게 자신의 적성을 찾으려 직장을 그만두는 사람들이 많아지는 것이다.

세계적으로도 우리나라의 창업 인구는 유독 많다. 그만큼 경쟁이 치열하기에 창업을 할 때도 가장 중요하게 따져야 할 사항은 바로 자신에게 맞는 업종을 찾는 것이다. 남들이 성공한 업종이라고 해서 자신에게 맞지도 않는 일인데 뛰어들었다가는 그 일을 진심으로 즐겁게 해낼 수 없을뿐더러 조금의 문제가 발생해도 쉽게 좌절하고 결국은 감당하지 못해 포기하거나 크게 실패하게 된다.

이와 같은 우를 범하지 않기 위해서는 어떠한 노력이 필요할까? 가장 좋은 방안은 본격적으로 사회생활에 돌입하기 전에 다양한 경험과 시도를 통해 자신의 능력치를 가늠해 보는 것이다. 나의 적성에 가장 잘 맞는 업종은 무엇인지, 어느 정도의 업무량을 내가 어느 기간 안에 끝낼 수 있는지, 위기가 닥쳤을 때 스스로 찾아낸 돌파구는 무엇인지를 찾기 위해 부단히 노력한다면 자신의 능력에 대해 좀 더 잘 알 수 있게 된다.

사회에 진입한 이후라도 마찬가지다. 평소의 업무에 있어 명확한 기준을 적용하여 자신의 적성과 한계에 대해 알아내는 노력을 거듭한다면, 막중한 업무가 맡겨지거나 위기의 순간이 올 때에도 어렵지 않게 돌파해 낼 수 있다.

아무리 "사마귀가 잔뜩 으르렁거리며 수레를 막아선다[螳螂拒轍]." 한들 감당할 수 있을까? 자기 자신에 대해 잘 알고자 하는 노력 없이는 성장도, 성과도 없음을 잊지 말자.

● ● ● 성공 후에도 자기반성은 필요하다

豐 : '풍(豐)'은 풍부하다,
넉넉하다, 많다 등의 의미를 나타낸다.

미국의 자동차왕 포드는 "한 사람이 만약 자기는 이미 많은 성취를 거두었다고 발을 멈추고 전진하려 하지 않는다면 곧바로 실패할 것이다. 많은 사람들이 첫 시작은 매우 힘써 분투하지만, 성공한 후 전망이 밝다고 생각하면 이를 흡족하게 여기게 되고 그 순간 실패가 잇따른다."라고 했다. 이는 성공한 후 기쁨에만 매몰되어 있으면 흐트러진 마음가짐 때문에 큰 실패가 뒤따를 수 있음 강조하는 말이다.

하나의 국가든, 하나의 기업이든, 한 사람의 인생이든 번영하고 성공적으로 역사를 이루어 나가기 위해서는 기반이 될 만한 자원이 풍부해야 한다. 이를 뜻하는 한자가 바로 풍(豐)이다.

능력, 재물, 사람 등 주변이 풍성하면 전성기를 맞이하는 건 당연하다. 다만 그 위치를 제대로 지켜내기가 쉽지 않다는 문제가 있다. 태양은 떠서 가장 높은 위치에 도달하면 바로 기울기 시작하고, 달은 보름달이 되었을 때부터 바로 이지러지기 시작한다. 세상 이치가 이러하듯 사람 또한 자신의 인생에 있어 당장의 좋은 형세만 볼 것이 아니라 거기에 감춰진 문제들도 들여다볼 줄 알아야 한다.

사실 가장 큰 위기는 성공에 따르는 성과가 최고조에 달한 후에 찾아온다. 개인이든 조직이든 성과에 취하는 순간 나태해지기 때문이다. 그 동안의 노력을 보상이라도 받으려는 듯 최대한 오래 성공을 만끽하고 싶어 한다. 치열한 경쟁의 장 속에 있음을 잊어버리고 미래를 대비하는 자세가 흐트러지는 것이다. 이를 경계하기 위해 우리는 최고의 위치에 다다랐을 때 어떠한 태도를 지녀야 할까?

'전사지불망후사지사(前事之不忘後事之師)'라는 말이 있다. 『전국책(戰國策)』에 나오는 이 고사성어는 "지난 일을 잊지 않음은 뒷일의 스승이 된다."는 것이다. 하나의 성공이 이루어지기 위해서는 철저한 계획과 실행, 끝없는 노력과 혁신은 물론 어느 정도의 행운 또한 필요하다. 이 모든 요소들이 적절히 수행되었을 때, 비로소 성공은 온다. 그 과정에서 어찌 고민과 위기가 없었겠는가. 그 고난의 순간들을 잘 이겨냈음에 지금의 성공이 있었음을 늘 잊지 말아야 한다.

공자의 도를 계승한 증자(曾子)는 '일일삼성(一日三省)', 즉 하루 세 번 반성함을 몸소 실천한 것으로 유명하다. 남을 위하여 일을 꾀할 때 진심과 정성을 담았는가[爲人謀而不忠乎], 벗을 사귐에 있어 신의를 다하였는가[與朋友交而不信乎], 배운 것을 그대로 잘 수행하였는가[傳不習乎]를 매일 자신에게 묻고 하루를 반성했다고 한다.

미래를 올바른 방향으로 이끌고자 한다면 지난날의 경험들을 늘 소중한 보석처럼 마음에 담아 두고 되새겨야 한다. 반성하지 않고, 지난날을 되돌아보지 않는다면 더 이상의 발전도 성공도 얻을 수가 없다. 성공을 거두는 순간은 영원하지 않다. 그러니 끊임없이 자신을 되돌아보는 반성의 순간들을 습관으로 만들자.

••• 욕심은 버리고 도를 지켜라

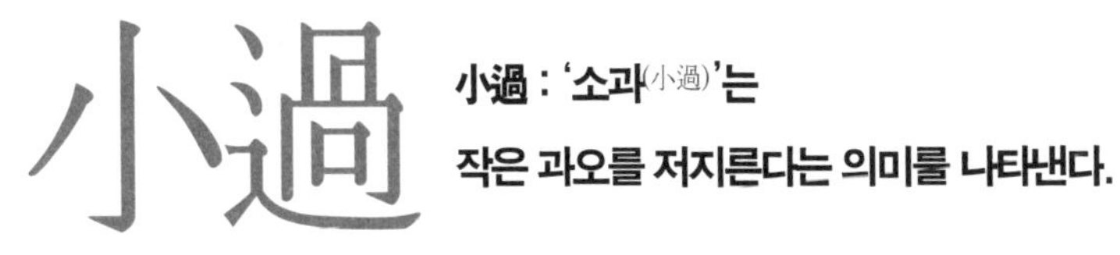

小過 : '소과(小過)'는

작은 과오를 저지른다는 의미를 나타낸다.

세상에 욕심이 없는 사람은 아무도 없다. 기회가 될 때 욕심을 부리는 것은 인간사에서는 당연한 이치이며, 때로 욕심은 삶을 더 나은 방향으로 이끌어 주는 원동력이 되기도 한다. 능력의 한계, 상황의 한계를 넘어서려는 욕망은 성공을 꿈꾸는 자에게는 반드시 요구되는 태도이다. 대신 한 가지 고민이 필요하다. 오히려 큰길을 가는 데 있어, 앞날을 방해하는 작은 욕심을 걸러내는 일이다.

소과(小過)는 작은 과실을 뜻하는데, 자신의 '도'를 넘어서려고 욕심을 부리는 과정에서 발생한다. 눈앞에 보이는 성과가 욕심이 나서, 당장 주변에서 인정을 받고자 일을 그르치는 경우다.

한 제약회사 영업부에 재직 중인 A는 곤란한 상황에 처했다. 진급 심사를 앞두고 마음이 조급해진 까닭인지, 이미 타 업체가 주류를 이루는 특정 시장에서 무리하게 영업을 하고 말았다. 고객들에게 지키지도 못할 약속을 남발했다가 역풍을 맞았고, 상도를 넘어서는 영업을 하면 어쩌느냐며 타 업체에서 항의가 들어와 자신이 몸담은 회사 전체에 누를 끼치고 만 것이다.

사물이든 사람이든 기업이든 모두 다 각각의 '도(度)'가 있다. 딱 알맞게 갖추고 있는 기량과 수준을 뜻한다. 이 '도'를 초과한다면 문제가 생기고 모순이 발생할 수 있다. 앞서 언급한 경우도 정도를 넘어서는 욕심을 부린 게 화근이 되었다.

'도'에 대해 제대로 파악해야 함은 업무에 있어 특히 중요한 부분이다. 자신의 역량과 한계를 정확하게 알고 있어야 그에 맞춰 일정을 정하고 효율적으로 업무를 진행시킬 수 있다. 그래야만 앞으로 나아가야 할지 혹은 한 발 물러서야 할지를 자유롭게 결정할 수 있으며, 이는 곧 업무를 완전히 장악하는 힘이 된다.

그렇다면 '도'에 의거한, 긍정적인 의미의 욕심이란 과연 무엇인가?

가장 먼저 고려할 사항은 타인에게 해를 끼치지 않는 범위 안에서 이루어져야 한다는 점이다. 인간은 필연적으로 타인과 관계를 맺으며 살아간다. 타인의 자유와 권리를 침해하지 않기 위한 노력이 우선해야 한다. 이타심이 없이 자신의 욕심만 채우려 한다면 누가 그 성과를 인정해 줄 것인가? 사회에서의 인정이라는 든든한 기반이 갖춰져야만 자신이 행한 노력과 그에 따르는 성취도 가치를 가질 수 있다.

도를 벗어나 과욕을 부린다면 편법과 불법에 기댈 수밖에 없다. 자신의 도를 지키며 살아간다는 것이 성공과 행복을 가로막는 울타리가 아님을 알아야 한다. 자신의 도를 지킨다는 것은 자신의 역량을 명확하게 인식하며 자신이 할 수 있는 한 최대한을 해내며 살아간다는 것이다. 결코 한계를 그어놓고 안주하라는 소리가 아니다. 오히려 그릇된 욕심으로 자기 자신을 망치지 말라는 것이다.

••• 평생 배움의 자세를 가져야 한다

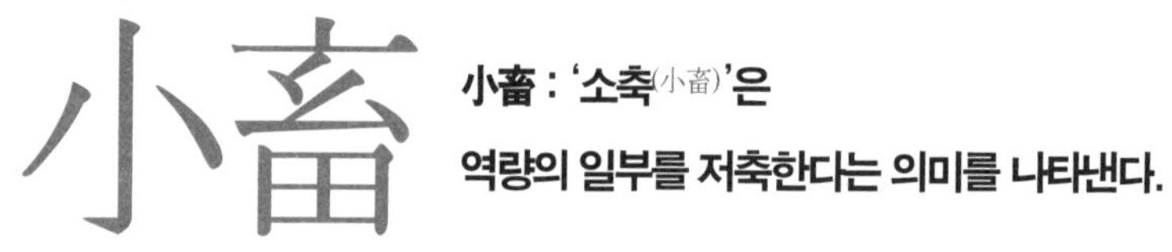

과연 봄이 시작되었다고 진심으로 느끼게 되는 순간은 언제일까? 활짝 꽃망울을 터뜨린 개나리, 길 위로 피어오르는 아지랑이, 모내기를 시작하는 농부들. 봄이 왔음을 깨닫는 지점은 사람마다 다 다르겠지만 그중에서도 '나비'는 특별하다. 어느 봄날 처음으로 눈에 들어온 나비는, 그 혹독했던 지난겨울을 온몸으로 받아냈기 때문이다.

소축(小畜)은 이상과 포부를 실현하기 위해 충분하게 역량이 저축될 때까지 기회를 기다려야 한다는 것이다. 그리고 그 기다림의 시간은 나비에게도, 사람에게도 혹독하기 마련이다.

그 무엇이 되었든 일을 시작할 때는 역량을 차곡차곡 쌓으며 기회를 기다려야 한다. 관련 지식과 기술을 충분히 습득하고, 시장의 흐름에 뒤떨어지지 않을 만큼 참신한 아이디어를 준비하고, 믿을 만한 조력자를 구하기 위해 발 벗고 나서야 한다. 문제는 이 중 하나도 제대로 완수하기 어렵다는 점이다. 그렇다면 역량을 쌓기 위해서는 어떠한 노력이 필요한가?

'인불학부지도(人不學不知道)'라 했다. 사람이 배우지 않으며 사람의 도리를 알지 못한다는 뜻이다. 우리는 때때로 학교만 벗어나면 더 이상의 배움은 필요 없다는 식으로 착각을 하곤 한다. 하지만 현대사회는 평생학습의 시대다. 성인이 된 이후에도 배움은 필수이며, 이를 게을리한다면 현재의 상태를 유지하기는커녕, 도태될 수도 있음을 걱정해야 한다. 진정한 경쟁력은 마름이 없는 지식의 추구에 있다. 알고자 하는 의지가 있고, 그 의지를 실현할 수 있는 추진력만 있다면 그 어떤 경쟁과 위기의 상황에서도 돌파구를 마련할 수 있다. 능력 있는 사회인이자 인정을 받는 지식인으로 거듭나고자 한다면 다음의 사항만큼은 반드시 숙지해두길 바란다. 바로 '겸손'이다.

송(宋)나라의 태조를 도와 천하를 통일하는 데 큰 공을 세운 사람 중에 조보(趙普)라는 사람이 있었다. 그는 어린 시절부터 전쟁터에 나가느라 글공부를 할 틈이 없어 학문에 어두웠다. 늘 자신의 무지함이 걱정되어 집으로 돌아온 후에는 집 밖으로는 절대 나가지 않고 글만 읽으며, 마침내 방대한 학식을 갖추게 되었다.

그는 태조가 물러나고 태종이 즉위한 뒤에도 승상으로 임용되어 국정을 두루 다스렸는데, 그를 시기하는 사람들이 급기야 "겨우 『논어』밖에 읽지 못해서 중책을 맡기기 어렵다."는 헛소문을 퍼뜨렸다. 태종이 조보를 불러 자초지정을 묻자 그는 다음과 같이 대답했다.

"신(臣)이 평생에 아는 바는 진실로 『논어』를 넘지 못합니다. 그러나 그 반 권의 지식으로 태조께서 천하를 평정하시는 것을 보필하였고, 지금은 그 나머지 반으로써 폐하께서 태평성대를 이룩하시는 데 도움이 되고자 합니다[臣平生所知 誠不出此 昔以其半輔太祖定天下 今欲以其半輔陛下治太平]." 실제로 조보가 죽은 후, 가족이 유품을 정리하다가 그의 책 상자를 열어 보니 『논어』만 들어 있었다고 한다.

여기서 유래한 고사성어가 바로 '반부논어치천하(半部論語治天下)'이다. "학문에 힘을 쓰는 사람이라면 자신의 지식에 관해서는 겸손할 줄 알아야 한다."라는 의미다. 그렇듯 배움은 평생 강구해도 늘 모자라기 마련이다.

우리는 우리를 둘러싼 환경에 대해 얼마나 알고 있는가? 주변에 있는 가족과 친구와 동료에 대해 잘 안다고 확신할 수 있는가? 신이 아닌 이상에야 이 모든 것을 알기 위해 노력한다는 것은 무모한 일인지 모른다. 하지만 그 역경을 넘고자 하는 노력이 역량을 만든다는 사실만큼은 반드시 명심해야 한다.

咸
比
巽
離
歸妹

2장

인간관계의 완성이 진정한 행복이다

••• 아첨도 잘 활용하면 득이 된다

否 : '비(否)'는 나쁘다, 막히다,
곤경에 빠지다, 헐뜯다 등의 의미를 나타낸다.

비(否)는 현명하지 못한 자는 남의 비위를 맞추고 아첨하는 자를 좋아해 가까이에 두지만, 현명한 자는 아첨하는 자들을 멀리하기에 이로움을 추구할 수 있다는 것이다. 사실 사람의 심리라는 게 듣기 좋은 말에 더 귀가 가는 법이다. 그렇다고 달콤한 말에만 익숙해지다 보면, 반드시 필요한 조언이나 충고에는 귀를 닫아 버리게 된다. 이는 곧 아집이나 독선으로 이어져 중요한 순간, 위기의 순간에 악영향으로 나타난다.

안데르센의 「벌거벗은 임금님」은 비록 동화이지만 아부와 아첨이 어떻게 눈을 가리고 귀를 막는지 잘 보여준다. 달콤한 거짓말에

속아 알몸으로 거리에 나섰다가 치욕을 당하게 된 임금은 물론, 그에 동참했던 신하들마저 곤욕을 치른다. 결국 조직 전체가 위기에 빠지게 된 것이다.

사회생활을 하다 보면 유대감을 강화시키기 위해, 일의 원활한 진척을 위해 상대방의 기분을 좋게 할 말을 해야 될 때가 있다. 그리고 조금이라도 권위가 있는 위치에 자리한다면 자주 그런 말을 들을 수밖에 없다. 너무 뻿뻿하게 업무적인 태도와 대화만 유지한다면 오히려 관계를 경색시킬 수도 있다. 과다하게 사용하고 받아들이면 당연히 독이 되겠지만, 아부도 적절히 잘 활용하면 사회생활을 원만히 이끌어 나가는 데 도움이 되는 것이다.

다음의 사례는 아부가 적절히 사용되어 위기를 무사히 넘긴 경우를 잘 보여준다.

유방(劉邦)의 곁에서 참모로 활약하며 한나라 건국에 혁혁한 공을 세운 숙손통(叔孫通)에 관한 이야기다.

진나라 때는 유가(儒家)가 사상의 중심에서 밀려난 시기였음에도, 유학에 능통한 숙손통은 그 능력을 인정받아 조정에 입성하게 된다. 당시 진나라는 무너져 가고 있었다. 무능한 황제, 환관의 권력 농단, 백성을 도탄에 빠트리는 대역사 등으로 곳곳에서 농민들이 반란을 일으키는 상황이었다. 어느 날 황제는 이와 관련해 대책 회의를 열었다.

"농민들이 반란을 일으키며 가까이까지 이르렀다는데 경들은 어떻게 생각하시오?"

그 자리에 모인 많은 대신들은 그들이 반란을 일으킬 역적들이라며, 즉시 군대를 보내 소탕해야 한다고 의견을 모았다. 이때 가만히 듣고 있던 숙손통이 전혀 다른 대답을 내놓았다.

"폐하! 저 말은 사실과 다릅니다. 이제 천하가 진의 이름 아래 통일되었습니다. 각 군과 현의 경계를 허물었고, 무기는 녹여 다시는 쓰지 않겠다 천명한 상황입니다. 위로는 위대하신 황제 폐하가 계시고 그 아래에서 백성들은 편안하게 살고 있습니다. 이러한데 감히 누가 반란을 일으키겠습니까? 지금 변방이 소란스러운 까닭은 몇몇 좀도둑 떼가 날뛰는 것뿐입니다. 그러니 조금도 걱정하실 필요가 없습니다!"

그는 이렇게 아유구용(阿諛苟容 : 남에게 잘 보이려 구차하게 아첨을 함)으로 황제를 안심시켰다. 이후 황제는 큰일이라고 목소리를 세운 신하들은 감옥에 가두고, 숙손통에게는 비단 스무 필을 하사했다. 비단을 들고 궁 밖으로 나오자 그를 따르던 제자들과 관리들이 참으로 아첨을 잘하신다고 조롱했다. 숙손통은 한숨을 쉬며 말을 이었다.

"아첨이 아니라네. 나는 겨우 호랑이 입에서 빠져나온 것뿐일세. 나는 곧 진나라를 떠날 터이니 여러분들도 각자 살 길을 살펴야 할걸세."

눈치 빠르게 분위기를 살피고 아부로 위험한 상황에서 빠져나온 숙손통은, 기울어져 가는 진나라에서 벗어나 자신의 능력을 펼칠 수 있는 권력을 찾아 전전한다. 중국 고사성어에 '노모심산(老謨深算)'이라는 말이 있다. 말하는 것이 노련하고 계획이 용의주도한 사람을 두고 하는 말이다. 이미 마음속에 옳고 그름을 명확히 가릴 수 있는 판단력과 지혜를 갖춘다면 아부를 하는 일도, 아부를 받는 일도 하나의 능력이 된다. 자신의 재능을 맘껏 꽃피워 줄 유방을 만난 후 숙손통은 결국 한나라 건국의 일등공신이 되지 않았는가.

●●● 협상과 양보로 논쟁을 피하자

訟 : '송(訟)'은 소송하다, 시비를 논쟁하다.
책망하다 등의 의미를 나타낸다.

일을 하다 보면 반드시 의견을 조율해야 할 순간이 온다. 설사 막강한 권력을 가진 리더라도 함부로 대사를 결정하지는 못한다. 결정의 순간이 다가올수록 압박과 반발은 높아지기 마련이며, 이를 슬기롭게 넘기지 못하면 결정은 단순히 틀린 의견이 되고 만다. 우리가 일을 할 때도 마찬가지다. 결정권자는 물론이요 동료 혹은 부하직원과도 합을 맞춰야 한다. 그 범주를 일이 아닌 모든 교류와 소통으로 넓혀도 똑같다. 논쟁은 반드시 생기기 마련이며, 이를 잘 풀어나가는 것만으로도 큰 능력을 가진 것으로 인정받을 수 있다.

송(訟)은 논쟁이 될 만한 주요한 문제를 말한다. 사람들과 교류하다 보면 의견 충돌이 일어나게 되는데 반드시 적극적으로 협상하고 양보하여 쟁론을 피할 줄 알아야 한다.

『인간관계론』의 저자이자 심리학자인 카네기도 "논쟁의 결과 십중팔구는 쌍방이 논쟁하기 전보다 자기가 절대적으로 옳다고 믿는다. 그러므로 논쟁에서는 이길 수 없다. 만약 졌다면 진 것이지만 이겼다고 하더라도 진 것이나 마찬가지다. 따라서 제일 좋은 방법은 논쟁을 피하는 것이다."라고 말했다. 그럼 어떻게 해야 사람들과 교류를 할 때 우선적으로 논쟁을 피할 수 있을까?

첫째, 냉정해야 한다. 개인과 개인, 집단과 집단 간에 교류를 하다 보면 의견이 충돌하는 일이 빈번하다. 때로는 심한 질책과 비난이 오가며 상황이 악화될 수 있다. 그런 경우 감정만 앞세우다 보면 논쟁은 극단으로 치닫고 문제는 아무것도 해결되지 않는다. 따라서 최대한 말은 아끼고 상대의 이야기에 귀를 기울이면서 어떻게 대처할 것인지를 고민해야 한다. 나와 상대의 시선이 아닌, 제3자가 지금의 논쟁을 바라볼 때 어떠한 느낌을 가지고 어떠한 결정을 내릴지 고려해 보는 것도 좋다.

둘째, 논쟁을 피하려면 서로 비슷한 점들을 찾아내야 한다. 이견이 생기면 서로 다른 점에 대해서 틀렸다는 것만 강조하게 된다. 아무리 논점이 달라도 조금이라도 추구하는 방향이 비슷한 부분은 존재한다. 따라서 논쟁이 생기면 비슷한 의견들에 주목해서 합일점을 찾아내야 한다. 이는 문제 해결의 좋은 방법이 될 뿐만 아니라 쌍방이 우호적인 관계를 유지해나가는 데도 도움이 될 수 있다.

셋째, 상대방의 관점을 충분히 고려하고 있음을 넌지시 알려야 한다. 사실 모든 논의는 존중에 기반해야 한다. 자신이 존중받고 있다고 느끼면 자연스레 상대의 말에 귀를 기울이게 된다. 상대방이 나의 의견에 대해 충분히 받아들이려 노력하고 있다고 생각하면 나 역시 같은 자세를 취하게 된다. 대화 자체도 한결 부드러워지고 결론을 도출하는 데도 훨씬 힘이 덜 들게 된다.

넷째, 자신의 의견 중 잘못된 부분이 있음을 인지했다면 바로 인정해야 한다. 곧바로 자기 잘못을 인정하고 양해를 구하면 상대방은 절대로 비난하거나 외면하지 못한다. 그러나 많은 사람들이 논쟁을 할 때 자신의 잘못을 깨달았음에도 이를 축소하고 상대의 잘못만을 부각해서 비난하려 한다. 조금의 잘못이라도 알아챈 후에는 이를 인정해야 한다. 그렇지 않고 계속 논쟁을 진행한다면, 결국은 그 잘못이 허점이 되어 발목을 잡게 된다.

관계를 맺는다는 것은 끊임없이 타협을 이어 간다는 말이기도 하다. 우리는 그 누구도 타인도 완전히 똑같은 생각을 공유할 수 없다. 설사 오늘 서로 웃으며 합의를 이루었더라도 내일이면 다른 일로 틀어지기도 한다. 논쟁이 생겼을 때 자신의 의견을 관철시키는 것도 중요하지만, 그 전에 논쟁이 벌어질 불씨를 먼저 제거함이 현명하다는 점을 명심하자.

••• 진실한 마음이 소통의 필수조건이다

比 : '비(比)'는 비교하다, 겨루다,
비교하여 돕는다 등의 의미를 나타낸다.

우리는 늘 소통을 하며 살아간다. 간단히 아침인사를 건네는 것은 물론, 그냥 무의식적으로 눈이 마주쳤을 때 짓는 표정 하나하나 또한 중요한 소통이다. 원만히 관계를 유지하고 중요한 일을 성공시키기 위해 사람들은 소통에 집중한다. 그 과정에서 조금이라도 나은 평판과 성과를 얻기 위해 이따금 말과 미소를 꾸미기도 하고, 때로는 과장을 하고 거짓을 담기도 한다. 때에 따라 그렇게 할 수밖에 없겠지만, 지속적으로 안정적인 관계를 유지하기 위해서는 '진실한 마음'이 필요하다.

비(比)는 진실한 감정의 교류를 설명하고 있다. 소통은 마음이 진실하고 동기가 순수해야 한다. 그 상대가 누가 되었든 '정직'함을 바탕으로 관계에 임해야 하는 것이다.

학문을 함에 있어 '마음가짐'을 가장 중시했던 공자 역시 정직, 즉 진실한 마음을 바탕으로 만사를 이끌어야 한다고 늘 강조했다. 공자는 이를 "인지생야직 망지생야 행이면(人之生也直, 罔之生也, 幸而免)"이라고 했다. 이는 사람은 원래 정직하게 살아야 하는 것이 도리이며, 만일 거짓으로 살고 있다면 이는 겨우 죽음을 면한 상태에 불과하다는 것이다. 즉 거짓으로 산다는 것은 살아도 사는 것이 아님을 말한다. 그래서 공자는 번지르르한 말과 알량거리는 낯빛, 그리고 지나친 공손함으로 자신의 속내를 숨기고 거짓으로 일관하는 사람을 경계해야 한다고 말했다.

권위 앞에서, 이익 앞에서 사람이 속마음을 감추고 행동을 포장하는 것은 어쩔 수 없는 일이다. 하지만 그러한 행동이 반복된다면 진실한 모습의 자기 자신은 그 포장지를 벗고 밖으로 나올 수 없을 만큼, 안으로 감춰져 영영 못 나올 수도 있다. 삶이란 게 과연 얼마나 오랫동안 눈앞에 보이는 이득만을 좇아 나아갈 수 있겠는가. 자신의 본질을 잃어버리면서까지 얻은 행복은 과연 얼마나 가치가 있겠는가.

그런 면에서 본다면, 늘 진실한 태도로 상대를 대함은 결국 스스로의 주체와 자존을 지키는 일이라 볼 수 있다. 평생을 살아가며 늘 관계를 맺을 수밖에 없다면, 그 모든 관계에 진실한 마음을 담으려 노력하는 것만으로도 일상은 가치 있는 것으로 변하게 될 것이다. 그 과정에서 상호간에 존중감이 생기고, 관계의 대상을 인간만이 아닌 만물로 넓히게 된다면 살아 숨 쉬고 있는 매순간이 감사의 시간으로 다가오지 않겠는가.

조선 역사에서 세종대왕 다음으로 칭송을 받는 정조대왕은 이런 말을 했다.

"임금을 섬길 때는 숨김이 없어야 하며 이를 첫 번째 의리로 삼아야 한다. 숨김이 없음은 진실함이다. 세상 모든 일이 진실함이 없으면 존재할 수 없다. 하물며 임금과 신하의 관계에서는 더욱 그렇지 않겠는가." [賤臣以閣職初登筵. 敎曰. 人臣事君. 當以無隱爲第一義. 無隱者誠也. 天下萬事. 不誠無物. 況君臣之際乎.]

진실에서 벗어나 거짓으로 자신을 꾸미는 순간, 나는 나를 잃어버리고 만다. 진실함이 없다면 존재할 수 없다는 그 마음가짐이, 완전한 나를 찾아가는 여정의 첫걸음이다.

••• 상대를 즐겁고 기쁘게 하라

兌 : '태(兌)'는 기뻐하다,
희열을 느끼다 등의 의미를 나타낸다.

말은 하나의 예술이다. 같은 말이라도 어떻게 구사하느냐에 따라 얻어지는 결과는 전혀 다르다. 말 한마디로 천 냥 빚을 갚기도 하고, 사람 목숨을 살리기도 죽이기도 한다. 그렇게 극단적인 상황이 아니더라도 말이 얼마나 위력적인지는 일상에서 충분히 깨닫게 된다. 자신은 별 생각 없이 말했는데, 누군가는 감동을 받고 누군가는 앙심을 품는다. 거기에서 시작된 사소한 오해는, 앞날에 풍파를 일으키기도 한다. 이렇듯 말은 대인관계에 있어 최고의 무기이자 최대의 약점이 될 수 있다. 그 사실을 자명하게 알고 있다면, 말을 더욱 가치 있고 기품 있게 사용하려는 태도가 필요하다.

태(兌)는 사람들이 기쁘고 즐거운 마음을 가질 수 있도록 돕는다는 것이다. 타인에게 기쁨을 줄 수 있는 방법은 여러 가지가 있다. 그 중에서도 가장 손쉽게 사용할 수 있는 수단이 바로 말이다. 말 몇 마디로 상대에게서 미소와 웃음을 이끌어 낼 수만 있다면, 그것만으로도 호감을 줄 수 있다. 유머감각이 사회생활에 있어 하나의 능력으로 인정받고 있지 않은가. 굳이 웃음 짓게 하지 않아도 좋다. 단순히 말을 함으로써 상대가 "이 사람이랑 함께 일해서 참 즐겁다."라고 느끼게 만드는 게 중요하다.

중국 고전에 나오는 '구토연화(口吐蓮花)'란 언변이 좋은 사람에게 붙이는 별명인데, 재치 있는 말로 남을 즐겁게 한다는 뜻이 담겨 있다. 언변이 좋으면 회의석상에서 능수능란한 발언으로 참석자들을 감탄하게 할 수도 있고 치열한 비즈니스 현장에서 사람들의 마음을 쉽게 얻을 수도 있다. 어느 정도 위치에 올라서 있다면 말 한마디로 구성원들의 마음에 열정을 샘솟게 할 수도, 짧은 프레젠테이션만으로 사업 파트너와의 협업을 성사시킬 수 있다. 훌륭한 언변은 곧 사회인의 능력이자 행복한 미래를 위한 자산인 것이다.

다만 "산에 가면 산 노래, 들에 가면 들 노래."란 속담처럼 장소와 상황에 맞는 언어를 사용해야 한다. 아무리 빼어난 언변을 구사한다고 하더라도 장소와 상황, 말을 듣는 상대에 따라 같은 말이 다른 의미로 전달되고 받아들여질 수 있기 때문이다.

예를 들어 부끄러움이 많고 우물쭈물하는 사람을 대할 때는 본론에 앞서 사소한 이야기로 분위기를 편안하게 만든 다음 상대방의 관점이나 경험을 먼저 이야기하도록 유도하는 것이 좋다. 주관이 뚜렷하고 고집이 있는 사람과 소통할 때는 확실한 근거가 있는 구체적인 증거로 설득력 있게 대화를 이어나가면 점차적으로 마음을 얻어낼 수 있게 된다. 상대가 명성이 있고 자신감에 가득 차 있는 경우에는 상대가 옳다고 믿는 말을 지나치게 반박해서 마음을 상하게 해서는 안 된다.

말뿐만이 아니다. 우리는 자신이 가진 모든 것을 활용해서 주위 사람들을 기쁘고 즐겁게 만들 수 있어야 한다. 비즈니스와 관련되어 있다면 더욱 그렇다. 상대방에게 즐거움을 줄 수 있다면 고객의 지갑이 저절로 열릴 것이며, 동료를 기쁘게 할 수 있다면 유대감은 깊어지고 이는 곧 성과로 나타날 것이다.

●●● 소통은 자연스러워야 한다

泰 : '태(泰)'는 편안하다,

확실하다, 쾌적하다 등의 의미를 나타낸다.

인간관계에 있어 어떠한 형태의 관계가 가장 좋을까? 물론 상황에 따라 필요한 관계의 모습이 다 다르겠지만, 가장 좋은 관계는 '자연스러움'일 것이다.

깊은 산골에서 마주하는 계곡은 많은 깨달음을 준다. 수많은 바윗덩이들과 자갈밭을 품에 아우르며 흘러가는 계곡물은 그 흐름에 있어 거침이 없다. 이따금 거친 물방울을 튀기도 하고 때로는 폭포가 되어 하염없이 아래로 떨어지지만 그뿐이다. 수만 년을 그렇게 흐르고 흘러 바다에 이르렀던 것이다. 수면 아래에는 물풀들이 하늘하늘 흔들리고 그 사이 곳곳에서 물고기들이 번식을 한다. 그 어떠한 모양의 그릇에 담더라도 그에 맞춰 자신을 변화시키지만, 질량과 성질에는 전혀 변화가 없는 것이 물이다. 관계를 맺음에 있어서도 물처럼 자연스러움을 견지해야 한다.

태(泰)는 편안하고 순조롭다는 뜻이다. 관계가 순조롭고 자연스러워질수록, 앞서 언급되었던 계곡물처럼 대화나 유대 형성에 거침이 없게 된다. 가족, 학교, 회사 등 집단의 경우 또한 마찬가지다. 자기 자신을 꾸미려 하지 않고 상대를 바꾸려 억지를 쓰지 않는다면, 그리고 집단의 구성원 모두가 집단의 목표를 이루는 데 뜻을 모을 수 있다면 저절로 관계는 편안해지지 않을까.

특히 기업의 발전 과정에서 소통은 물 흐르듯 자연스러워야 한다. 풀을 뽑으면 뿌리까지 딸려 나오듯, 사물이나 사람이 한데 모여 있으면 서로 영향을 미칠 수밖에 없다. 한 기업이 출발 단계부터 사방팔방으로 소통이 잘되는 체제를 갖추기만 한다면 상하좌우로 교류가 순조로워지고 이것이 기업 발전의 원동력이 된다. 소통이 원활하면 다양한 관리 방법과 수단을 실현시킬 수 있으며, 상호 모순이 되는 부분도 해결할 수 있게 된다. 다시 말해 소통이 잘되지 않으면 생명력이 없는 기계처럼 조직이 경직되어 성장이 저해되고 급기야 사업을 망치는 일까지 벌어진다.

이따금 잘나가던 기업이 갑자기 몰락하는 경우를 종종 보게 된다. 이를 잘 분석해 보면 공통적으로 이들 기업들이 드러내는 문제점이 있다. 바로 잘못된 소통이다. 조직 내에 벽이 생겨 소통이 원활히 이뤄지지 않거나, 고객과의 소통에 실패한 기업이 적지 않다.

21세기 들어 기업 경영의 핵심 키워드는 바로 '창의성'이다. 창의성이 뛰어난 인재 확보에 경주하고 창조적, 자율적으로 일할 수 있는 근무 환경을 조성하는 데 많은 기업들이 아낌없이 투자하고 있다. 고객들이 기업에 요구하는 상품들 또한 독특하고 창조적인 면이 부각되는 것이며 그래야 잘 팔린다. 상황이 이러한데 조직 내 소통이 막혀 있어 독특한 아이디어를 공유하지 못하고, 고객과의 소통이 틀어져 성장이 더뎌진다면 사업이 잘될 리 만무하다.

이제 기업들은 분업 및 합작을 통해 각 부문 간 장벽을 없애고 서로 협력하고 융합을 촉진해서 사업의 효율을 높여야 한다. 이 과정에서 내부의 소통이 막혀서는 안 되며 반드시 소통이 잘되는 구조를 갖춰야 한다. 조직 내부에서 의사소통이 잘되어야 의견과 판단의 일치가 이뤄진다. 결국 모든 구성원들이 통일된 비전을 향해 적극적으로 움직이도록 하려면 기업은 순조로운 소통 구조를 갖춰야 하는 것이다.

●●● 다른 관점과 견해를 포용하라

睽 : **'규(睽)'는 맞지 않다,**
위배되다 등의 의미를 나타낸다.

여기 하나의 목적이 있다. 그 목적을 이루기 위해 여기저기에서 다양한 의견들이 쏟아진다. 고민스럽지만 종래에는 하나의 길을 정해야 한다. 그 과정에서 이견이 발생하고 이해관계에 따라 다툼이 벌어진다. 비단 일을 할 때만의 문제가 아니다. 점심식사 메뉴 하나 고르는 일조차 의견이 엇갈리면 사소하게나마 논쟁이 생긴다. 이때 구원자처럼 등장해 의견을 모으고 문제를 해결하고 즉시 목적을 향한 길을 제시할 수만 있다면, 분명 뛰어난 능력을 가진 사람으로 인정받게 된다.

규(睽)는 서로 맞지 않는 것을 맞추어 나가는 도리를 제시하고 있다. 쉽지만은 않은 일이다. 개인주의가 심한 현대사회에서는 양보와 겸손이 미덕이다. 그만큼 자신의 의견을 쉽게 굽히려 하지 않는다. 그렇다면 의견을 합일하고, 공동의 이익을 도모하기 위해 우리가 갖춰야 할 자세는 무엇일까?

문화적 배경이 다른 사람들의 행동이나 습관은 분명 차이가 있다. 하지만 같은 문화적 배경을 가진 사람들이라고 해서 모든 견해가 일치하는 것은 아니다. 의견이 일치하지 않고 나눠지는 것은 소통 과정에서 흔하게 나타나는 문제다. 그러므로 이런 상황이 발생했을 때 나와 다른 견해를 가졌다고 해서 상대의 관점을 무시해서는 안 된다. 쓸모없는 것이 쓸모 있는 것이라 했던 장자의 이야기는 그래서 더욱 가슴에 와 닿는다.

어느 날 산길을 가던 장자는 다른 나무들에 비해 월등히 커다란 나무와 마주친다. 살펴보니 그 옆에 나무꾼이 있었지만 그 나무에는 눈길도 주지 않았다. 까닭이 궁금했던 장자가 물었다.

"왜 이 커다란 나무는 베지 않는 것이오?"

나무꾼은 퉁명스럽게 대답했다.

"이 나무는 아무짝에도 쓸모가 없기 때문입니다."

잠시 생각에 잠긴 장자는 "이 나무는 쓸모가 없는 덕분에 제 수명을 다 살게 되었구나."라고 말한다. 이렇듯 아무 쓸모가 없어 보이는 것들도 나름대로 다들 쓸모가 있음을 '무용지용(無用之用)'이라고 한다.

그렇다. 지금 당장은, 혹은 반대되는 다수의 의견에 비해서는 쓸모가 없어 보일지라도 그 나름대로의 장점과 배울 점이 있다고 생각하는 것이 중요하다. 특히 집단의 구성원들은 연령, 경력, 지식, 성품, 업무 방식이 모두 같지 않기에 어떠한 일이나 문제를 보는 관점과 처리 방법도 같지 않다. 따라서 이를 충분히 이해하고 공통된 것은 받아들이고 서로 다른 부분은 시간을 두고 해결하겠다는 원칙을 세워야 한다. 차이점에 대해서는 모든 사람들이 충분히 의견을 주고받으며 포용하는 과정은 필수다. 그렇게 차이를 점점 줄이고 공통된 부분을 늘려서 집단의 의견과 행동을 일치시켜야 한다.

중국 고전에 "말을 잃어도 뒤쫓지 마라, 스스로 돌아온다. 악인을 만나도 피해 가면 허물이 안 된다."라는 말이 있다. 소통 과정에서 관점과 의견의 차이가 있더라도 논쟁을 하지 말고, 자기 관점이나 의견을 상대에게 강요해서도 안 된다는 뜻이다.

상대의 의견이 아무리 헛되고 무의미해 보일지라도 적극적으로 이해해 보고 공통점을 찾아내려 노력해야 한다. 서로 이런 식으로 상대의 의견을 받아들인다면 논쟁이 생길 일조차 없을 것이다. 세상 모든 사람에게는 각자 쓸모 있는 자신만의 능력이 있듯이, 그 모든 의견들이 분명 가치가 있음을 알아야 한다.

••• 서로 교감하고 소통해야 한다

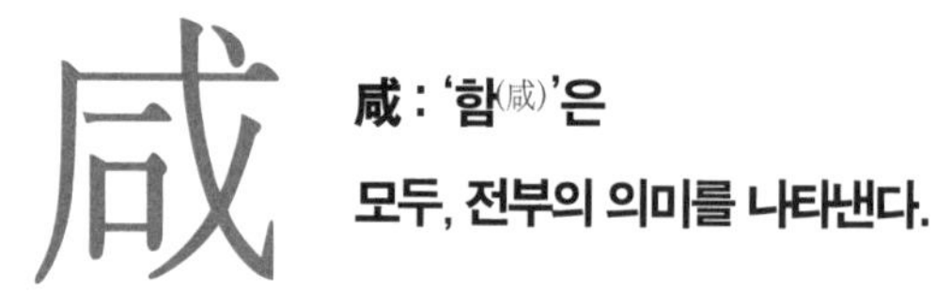

咸 : '함(咸)'은

모두, 전부의 의미를 나타낸다.

눈과 귀, 그리고 입. 이 중에서 어떤 것을 가장 많이 열어야 삶을 살아가는 데 있어 도움이 될까? 입에 쓴 약이 몸에 좋다고 했다. 보고, 말하고, 듣는 것 중 가장 힘겨운 행동은 '듣기'다. 누군가는 그렇게 말할지 모른다. 눈으로 확인하고 말로써 해결하여 세상사를 이뤄나가면 되지 않겠느냐고. 하지만 그 세상사란 것이 관계에서 시작되고 관계로 끝을 맺는다는 점을 감안하면 '경청'이야말로 사회생활에 있어 가장 큰 미덕이라 할 수 있다.

함(咸)은 상호교감을 말하는데, 모든 구성원들이 서로 마음과 의견을 나눌 수 있을 때 조직이 갈등 없이 화목하게 유지됨을 뜻한다.

소통은 한 방향으로만 이뤄질 수 없다. 윗사람이 아랫사람에게 일방적으로 의견을 제시하고 따르기를 강요하면 유연한 조직을 만들 수 없다. 윗사람 역시 아랫사람의 의견에 귀 기울여야 한다. 아랫사람의 의견이라고 함부로 무시해서는 안 되며 적극적으로 수용하겠다는 자세로 소통해야 한다. 부모가 자식을 대할 때든, 회사에서 상사가 부하직원에게 일을 맡길 때든 윗사람에 걸맞은 대접을 받기 위해서는 본인의 노력을 우선시해야 된다. 그 시작이 바로 경청이다.

빌 게이츠는 "고객의 비평은 돈벌이보다 더 중요하다. 고객들의 비평에서 실패의 교훈을 찾아내어 성공의 동력으로 전환시켜야 한다."라고 말했다. 그 목소리가 아주 작은, 일부의 의견일지라도 놓치지 말아야 한다. 항상 귀를 열어두어 사소한 불만을 전부 확인하려는 노력이 필요하다. 무척 어려운 일이겠으나 그러한 경청 의지가 상대에게 신뢰를 줄 수 있고, 이것이 사업의 기반을 더욱 단단히 다지는 밑거름이 되기 마련이다.

어느 날 위나라의 대부였던 공손조(公孫朝)가 공자의 제자인 자공(子貢)에게 물었다.

"당신의 스승이었던 공자는 누구에게 배웠습니다?"[仲尼焉學]

이에 자공은 "나의 스승은 어디에서도 배우지 않았고, 따로 스승을 두지도 않았습니다."라고 대답했다. 문왕과 무왕의 도가 아직 떨어지지 않고 모든 사람들에게 크든 작든 남아 있으니 그 누구에게서나 배울 수 있다는 말이었다.

따져 보면 이 세상 모든 사람들이 스승이 될 수 있다. 인품이나 기술이 뛰어난 사람을 만나게 된다면 그와 같아지려 노력하면 된다. 혹 어질지 못하고 능력이 부족한 사람을 만나게 되면 나 또한 그런 면이 있지는 않은가 돌아볼 수 있다. 그들의 삶이 왜 그런 결과에 이르렀는지 모든 목소리 하나하나에 귀 기울이는 게 그래서 중요하다.

물론 주의해야 할 점도 있다. "뱃사공이 많으면 배가 산으로 올라간다."라는 속담처럼 지나치게 다른 사람의 의견에 휘둘리면 조직 자체가 불안정해진다. 교감하고 소통한다는 것은 모든 구성원들의 의견이 조화와 균형을 이룬다는 것이지 상대의 의견에 사로잡혀 주체성을 잃고 갈피를 잡지 못하는 상태를 말함이 아니다. 따라서 조직의 목표를 달성하려면 어느 한쪽으로 휩쓸리지 않고 구성원 모두의 감정과 생각이 잘 교감되어야 함 또한 명심해야 할 것이다.

나를 낮추고 진심으로 마음을 얻어라

歸妹

歸妹 : '귀매(歸妹)'는 소녀의 출가를 의미한다.

돈으로 뭐든지 살 수 있고 할 수 있는 세상이 되었지만, 한 가지 사기 힘든 게 있다. 바로 사람의 마음이다. 설사 권력이나 재력으로 한순간 상대에게 마음을 얻었더라도 이는 오래가지 못한다. 그 힘이 약해지는 순간 애써 얻은 타인은 마음은 다시 도망치고 만다. 사람의 마음을 얻어 이를 오래도록 유지하려면, 상대가 스스로 마음을 주도록 만들어야 된다.

귀매(歸妹)는 소녀가 귀속을 원한다는 말이다. 바꾸어 말하면 혼인이든 일이든 사업이든 그 무엇을 하든 자발적으로 결정해야 함을 의미한다. 그렇지 않고 강요나 억압에 의해, 혹은 어쩔 수 없이 해야 한다는 심리적 압박감으로 행한다면 아무런 이익이 없음은 물론이고 일을 그르치게 된다.

마음을 얻으려는 사람 입장에서도, 마음을 주려는 사람 입장에서도 반드시 갖춰야 할 조건이 하나 있다. 바로 '자각'이다. 마음을 얻으려는 입장에서는 '내가 왜 당신과 연을 맺고 마음을 얻으려 하는가'에 대한 진정성 있는 답변을 내놓을 수 있어야 한다. 마음을 주려는 입장에서는 '지금 당신과 함께하려는 나의 마음은 진실한가'에 대한 답변이 가능해야 한다.

이해관계와 수지타산만을 따져 관계를 맺기란 어렵지 않다. 그 득실에 따라 관계를 유지할 수도, 바로 돌아설 수 있기 때문이다. 하지만 한번 맺은 사람의 인연은 쉽게 끊어지지도 않을뿐더러, 미래를 향해 나아가는 데 조력자가 될 수도 있지만 반대로 커다란 짐이 될 수도 있다. 혹여 관계가 끊어진 후에도 언제 다시 이어질지 모를 일이기에, 애초에 연을 맺음에 있어 서로에게 필요한 존재임을 자각하고 이를 맞춰 보는 일이 반드시 요구된다.

병법에 '공성위하 공심위상(攻城爲下 攻心爲上)'이라는 말이 있다. 성을 공격하는 것은 하책이며, 적의 마음을 공격하는 것은 상책이라는 뜻이다. 즉 전쟁 중에 승리를 거두기 위한 최고의 전략 중 하나는 바로 적군의 마음을 굴복시키는 것임을 강조하고 있다.

물론 현대사회를 살아감에 있어 상대의 마음을 굴복시키는 일은 필요 없다. 하지만 '나는 당신의 사람이고, 당신은 나의 사람'이라고 할 만큼 서로 믿음을 주고받고자 하는 노력은 꼭 필요하다. 그렇다면 상대를 내 사람으로 만들기 위해 어떻게 해야 하는가?

첫째, 나와 함께 있을 때 상대가 즐거운 감정을 유지하도록 한다.

둘째, 자신의 이익에 대한 이야기보다는, 상대의 고민에 대해 먼저 논의한다.

셋째, 도와야 할 상황에서는 진심으로 돕고자 하는 마음을 내 보인다.

넷째, 함께 공유할 수 있는 미래에 대해 이야기를 나눈다.

결국 마음을 얻고자 한다면, 자신의 입장은 낮추고 상대방의 입장에서 먼저 생각하고 진정으로 그의 사고방식과 생활패턴에 감응하려는 의지가 중요하다. 쉬이 얻은 마음은 쉬이 달아난다. 하지만 힘겹게 얻은 마음은 평생을 함께할 인연으로 남을 것이다.

••• 실수는 관용으로 감싸야 한다

解

解 : '해(解)'는 풀다, 해제하다,
제거하다 등의 의미를 나타낸다.

사람은 신이 아니다. 전지전능하지 못하고 완전무결하지 않다. 어느 때나 실수하고 잘못을 저지를 수 있다. 아무리 탁월한 능력을 가진 이라도 결점이나 약점이 있기 마련이다. 그럼에도 어떤 사람들은 주변에서 실수나 잘못을 했을 때 이를 이해하거나 포용하려 하지 않는다. 오히려 비난을 하거나 심지어는 관계를 끊어 버리는 경우도 있다.

해(解)는 남의 실수나 잘못을 용서해야 하며 심지어 죄라도 관대하게 용서해야 한다는 것이다. 일찍이 공자도 다섯 가지 인(仁)에 대해 말하면서 관칙득중(寬則得衆), 즉 "너그러우면 대중의 마음을 얻게 된다."라고 했다.

사회생활을 하다 보면 우리는 수많은 실수와 마주한다. 십수 년간 한 분야에서 명성을 쌓아온 베테랑이나 기업도 단 한 번의 실수로 몰락하기도 한다. 하물며 평범한 사람이 모든 일에서 완벽하길 바랄 수는 없다. 그 실수들이 거듭되면서 완전한 방향으로 나아가는 것이고, 그리고 완벽한 능력에 가까워진다 해서 실수가 완전히 없어질 수도 없다.

하나의 잘못이 발생하였을 때 가장 힘들어할 사람은 누구일까? 그로 인해 피해를 본 사람들 또한 힘겹겠지만 아마도 잘못을 유발한 당사자가 가장 괴로울 것이다. 그렇기 때문에 아픈 상처에 소금을 뿌리는 것처럼, 실수를 한 당사자를 더 힘들게 해서는 좋은 결과를 얻을 수 없다. 관용으로 잘못을 대한다면 그 복은 결국 자기 자신에게 돌아온다.

공자의 가르침을 전하자면 "만사종관 기복자후(萬事從寬 其福自厚)"라 했다. 즉 모든 일을 너그러운 마음을 가지고 대하면 그 복은 점점 두터워진다는 것이다. 공자의 제자 자공 역시 스승의 이러한 가르침을 받아들여 "만일 내가 큰 현인이라면 어떤 사람이라도 포용하지 못할 리 없고, 만일 내가 어리석은 사람이라면 상대방에게 배척당할 것이다. 내가 어떻게 다른 사람을 거절할 수 있겠는가.[我之大賢與 於人

何所不容 我之不賢與 人將拒我 如之何其拒人也]"라고 말했다.

타인의 실수에 관대하지 못하다고 느끼면 자신의 경우를 돌아봐야 한다. 과연 내가 잘못을 저질렀을 때 피해를 입은 사람들은 나를 어떻게 받아들이고, 스스로 얼마나 반성을 하는가 살펴야 된다. 자신의 잘못에는 관대하면서 타인의 실수에는 일말의 관용도 없이 대한다면, 지금 얼마나 막강한 권력을 가지고 있든 신뢰를 잃어버리고 오래도록 함께할 사람은 아니라는 인상을 심어주게 된다. 『삼국지연의』에도 관용의 중요성을 잘 알려주는 일화가 등장한다.

적벽대전에서 대패한 조조는 측근 몇몇과 함께 달아나고 있었다. 그러다 관우가 이끄는 촉의 군대와 퇴로에서 마주치게 된다. 모든 게 끝장이라고 체념한 순간 관우는 모른 체하며 조조 일행에게 길을 열어 준다. 관우가 이렇게 조조에게 관용을 베푼 까닭은 자신 역시 조조에게 은혜를 입은 적이 있었기 때문이었다. 8년 전, 관우를 인질로 붙잡은 조조는 그를 자신의 사람으로 만들기 위해 각고의 노력을 한다. 하지만 유비를 향한 관우의 충정을 돌릴 수 없음을 깨닫고 그가 달아나도록 둔다. 관우를 뒤쫓아야 한다는 주변 사람들의 성화가 있었지만 조조는 그의 의리에 탄복하여 그러지 않았다. 결국 자신이 베풀었던 관용 덕분에 8년 후 자신의 목숨을 구한 것이다.

●●● 부드럽게 사람들을 포용해야 한다

坤 : '곤(坤)'은

만물을 성장시키는 대지를 상징한다.

사회생활을 하다 보면 유난히 인간관계가 넓고 두터운 사람들이 있기 마련이다. 그들에게는 분명 사람들을 끄는 매력과 장점이 있다. 인간관계를 잘하는 사람들은 도대체 어떤 장점을 지니고 있을까?

우리는 낯선 사람을 만나면 상대방에 대해 탐색을 하게 된다. 탐색 기간 동안 이야기가 잘 통하고 잘 맞는다고 느껴지면 그 인간관계는 오래 지속될 수밖에 없다. 반대로 상대와 나의 가치관이나 의견이 자꾸 어긋난다면 불편해지고 오래 인간관계를 유지할 수 없게 된다. 하지만 사회생활을 하다 보면 자신의 입맛에 맞는 사람만 골라 만날 수는 없는 노릇이다. 오히려 의견이나 가치관이 상반되는 경우를 더 많이 보게 된다. 그럴 때 그것을 어떻게 유연하게 받아들이고 포용하느냐가 결국은 어떤 사람을 만나든 좋은 인간관계를 유지하고 소통할 수 있는 방법이 된다.

곤(坤)은 만물을 길러내는 대지와 같은 포용력이 인간관계에서 가장 중요한 요소가 된다는 것을 의미한다. 중국 전통문화에서 곤(坤)은 어머니의 유연성과 포용력을 나타내는 것이며 이는 좋은 인간관계를 유지하는 데 반드시 필요하다.

중국 후한시대에는 반초(班超)라는 무장이 있었다. 서쪽 오랑캐 땅의 50여 나라를 복속시킴으로써 한나라에 큰 공을 세웠고 서역의 도호(都護 · 총독)가 되어 서역을 다스리게 되었다. 이후 훌륭하게 임무를 마치고 돌아온 그에게 후임으로 임명된 임상(任尙)이란 사람이 찾아왔다. 그는 한 가지 질문을 했다.

"저에게 서역을 잘 다스릴 수 있는 방법을 알려주십시오."

그러자 반초가 대답하기를 "내 보기에 그대는 성격이 너무 엄격하고 조급해 보이네. 자고로 물이 너무 맑으면 물고기가 숨을 곳이 없어서 모이지 않고[水至淸則無魚], 사람을 너무 살피면 따르는 무리가 없는 법[人至察則無徒]이네. 너무 엄하게만 해서는 원만하게 통치할 수 없을 터이니 모가 나지 않게 유연하게 통치하는 것이 좋을 것이오."

특별한 비책을 듣고자 했던 임상은 반초의 대답에 크게 실망했다. 그래서 반초의 충고를 흘려들었고 자신의 뜻대로 융통성 없이 무리하게 통치를 하다가 결국 서역인들의 반발로 서역을 다스리는 데 실패하게 되었다.

이 이야기에서 물이 너무 깨끗하면 물고기가 모여들지 않는다는 의미의 '수청무어(水淸無魚)'라는 말이 나왔다. 즉 인간관계에서 지나치게 엄격하면 사람들이 다 떠나간다는 것이다. 좋은 인간관계를 위해서 때로는 말랑하게 상대의 특성과 관점까지도 받아들일 수 있어야 하며 때로는 상대의 흠이나 약점까지도 너그럽게 포용할 수 있어야 한다는 것이다.

자신의 가치관과 의견이 옳다고 믿을 수는 있다. 그렇다고 해도 사람은 때에 따라 자신의 뜻과 가치관을 부드럽게 휠 줄도 알아야 한다. 자신이 옳다고 해서 절대 의견을 굽힐 수 없다고 주장한다면 결국은 부러질 수밖에 없는 것이다. 그런 사람의 주위에 사람들이 모여들 리가 없다.

••• 믿음으로 관계를 넓혀라

巽 : '손(巽)'은

『역경』에서 순종한다는 의미를 나타낸다.

우리는 자기 자신보다 대단히 능력이 뛰어난 사람을 만나면 순종하게 된다. 그런 사람을 만나면 친하게 지내고 싶고 누가 시키지 않아도 자발적으로 그를 따르게 된다. 하지만 여기에는 한 가지 단서가 붙는다. 능력이 뛰어난 그 사람이 믿을 만한 사람이어야 한다는 것이다. 그저 자신의 능력만 믿고 다른 사람을 우습게 생각하거나 거짓말로 사람들을 속인다면 아무리 뛰어난 인재라고 해도 누가 그에게 순종하겠는가.

중국은 예로부터 신뢰를 '수신제가 치국평천하(修身齊家 治國平天下)'의 도(道)로 간주하였다. 자신의 몸을 바르게 가다듬어 가정을 세우고 나라를 다스리며 천하를 평정하기 위해서는 신뢰가 필요하다는 것이다. 공자 역시 사람은 신용으로 일어선다고 했다. 특히 공자는 신뢰를 얻기 위한 가장 중요한 덕목이 바로 '언행일치(言行一致)'라고 했다.

공자의 제자 중 한 사람인 재여(宰予)와의 일화에서도 이런 부분은 잘 드러나 있다. 재여는 학업에 열중하겠다고 말을 했지만 책을 읽어야 할 시간에 몇 번이나 낮잠을 잤고 이를 본 공자는 "썩은 나무는 조각할 수 없고, 썩은 흙으로 만든 담은 흙손질할 수 없다."라고 말하였다. 말만 앞세우고 행동이 뒤따르지 않는다는 것은 이미 마음가짐부터 잘못된 것이라 판단한 것이다. 그런 정신 상태를 가진 제자는 가르쳐 봤자 소용이 없으며 가르친다고 해도 훌륭한 성과를 기대할 수 없다는 것이다.

사람을 상대하는 영업이나 서비스직에서도 중요한 것은 신뢰다. 상품이나 브랜드에 대해 꾸준히 순종하는 고객을 확보하고 오래 유지하려면 당장의 이익을 위해 거짓 미끼를 던지거나 말 바꾸기를 수시로 해서는 안 된다. 예를 들어 고객을 끌어들이기 위해 많은 상품을 걸고 이벤트를 열었으나 정작 고객이 모여들고 나서는 상품을 지급하지 않거나 축소해서 상품을 지급하는 등 약속을 지키지 않고 말 바꾸기를 하는 경우가 있다. 이처럼 고객과의 약속을 함부로 생각하고 지키지 않을 경우 신뢰가 형성되지 않는 것은 물론이고 이미 쌓여 있던 신뢰마저도 바닥으로 떨어지게 된다. 신뢰할 수 없는 상품이나 기업에 충성할 고객은 없다.

직장 안에서도 신뢰는 마치 자석과도 같아 사람들을 끌어모으고 순종하게 만든다. 특히 훌륭한 평판을 갖고 있는 상사는 부하들에게 남다른 신뢰와 존경을 받는다. 이런 상사는 부하라고 해서 함부로 대하지 않는다. 오히려 존중하고 배려한다. 어려운 일을 떠넘기거나 잡다한 개인 심부름을 시키지도 않는다. 또한 높은 자리에 있다고 해서 자신의 권위를 내세우거나 기분과 상황에 따라 이랬다저랬다 지시나 명령을 뒤집지도 않는다. 언제나 명확한 소신을 갖고 일관성 있게 지시를 내린다. 자신은 아무것도 하지 않으면서 부하만 부려먹지도 않는다. 언제나 솔선수범하며 부하들이 자발적으로 따르게 만든다. 이런 상사를 어찌 신뢰하지 않을 수 있겠는가. 아랫사람이 그런 상사의 곁에 남아 순종하는 것은 당연한 이치다.

사람은 혼자 살 수 없다. 어디에서나 관계를 맺고 교류를 해야 한다. 또래 친구를 사귀든 직장에서 동료와 어울리든 혹은 사회생활을 하다 보면 나이와 직종을 뛰어넘어 다양한 사람들과 만나고 교류하게 된다. 좋은 관계를 만들고 싶은가. 그러면 먼저 믿음을 주어야 한다. 진심어린 말과 행동으로 나를 보여주고 신뢰를 얻으면 인간관계는 저절로 넓어지게 된다.

● ● ● 신의와 관계를 우선시하자

離 : '리(離)'는 분리하다,
떠나다 등의 의미를 나타낸다.

인생을 살면서 우리는 수많은 선택의 순간에 직면하게 된다. 보통은 자신에게 더 중요한 가치를 선택하고 덜 중요한 것을 버리게 된다. 사람마다 중요하게 생각하는 가치는 다 다르겠지만 당장 큰 이익을 취할 수 있다면 때로는 평상시 중요하다고 생각했던 인정이나 신의를 저버리기도 한다. 사람이기 때문에 사사로운 탐욕에 눈이 멀 수도 있는 것이다. 리(離)는 바로 그런 순간, 버려야 할 것은 신의나 사람이 아니라 욕심과 이익이라는 것을 말하고 있다.

우리의 역사만 살펴봐도 권력을 갖기 위해 가족까지도 배척하고 살해하는 일이 흔하게 일어났다. 조선 시대 이방원은 왕위를 둘러싸고 '왕자의 난'을 일으키며 여러 형제들을 죽음으로 내몰았다. 현대에서도 이런 일들은 쉽게 찾아볼 수 있다. 재벌가에서는 기업 승계를 둘러싸고 끊임없이 형제자매간에 비극이 벌어지며 때로는 가족이 남보다 못한 관계가 되기도 한다. 평범한 우리 이웃이라고 다르지는 않다. 뜻하지 않은 유산이나 로또 같은 막대한 이익 앞에서 가족마저 내치고 홀로 이익을 독차지하기 위해 무섭게 돌변하는 사람들의 이야기를 신문이나 뉴스에서도 자주 접할 수 있다.

혈연으로 맺어진 부모나 형제자매도 등을 돌리게 만드는 것이 탐욕스러운 마음이다. 하물며 타인과의 관계에서 탐욕과 이기심을 버리기는 더 어려울 것이다. 그렇기 때문에 이익과 사람을 저울질하지 않고 탐욕과 이기심을 앞세우지 않는 마음이 더 가치 있는 것인지도 모른다. 이익을 손에 넣기 위해 사람을 버리는 것이 아니라 사람을 지키기 위해 욕심을 버린다는 것은 결코 쉽지 않은 일이다. 그럼에도 자신의 이익을 위해 사람들과 맺은 관계를 망치거나 소중한 사람을 떠나보내지 말아야 한다.

논어에는 이런 말이 있다. "군자유어의, 소인유어리(君子喩於義, 小人喩於利)" 군자는 의리에 밝고 소인은 이익에 밝다는 뜻이다. 이익에 얽매여서 의리를 대수롭지 않게 생각한다면 이는 소인배에 불과하다는 것이니 인생을 살면서 무엇에 더 가치를 두고 살아야 할지에 대해 한번쯤 생각해볼 일이다.

요즘 젊은이들은 당연하게 누려야 할 권리들을 상당 부분 포기하며 'N포 세대'로 불리며 힘겹게 살아가고 있다. 그런 팍팍한 현실에서 '신의'니 '관계'를 먼저 생각하라고 권하는 것은 어찌 보면 희생만 강요하는 것처럼 보일 수도 있다. 당장 먹고살기도 힘이 드는데 어떻게 매순간 주위 사람들을 살피고 이타적으로 살아가겠냐고 말할 수도 있을 것이다.

하지만 선택의 순간이 왔을 때 내 선택이 단순히 이익을 취하는 것으로 끝나지 않고 다른 사람의 희생과 불행을 담보로 한다면 이는 길게 보았을 때 결코 나에게 득이 되는 일만은 아닐 것이다. 특히나 성공은 쉽게 얻어지는 것이 아니기에 손쉬운 성공을 보장하는 유혹의 손길 앞에서는 한 번 더 생각해보아야 한다. "빨리 가려면 혼자 가고 멀리 가려면 함께 가라."는 말도 있지 않은가. 긴 인생에서 인정과 의리 같은 인간관계의 가치가 얼마나 큰 것인지 되새겨보아야 한다.

••• 명예와 성과를 나누어라

大有

大有 : '대유(大有)'는 많이 있다,
수확이 풍성하다 등의 의미를 나타낸다.

큰 성공을 경험하면 자만심에 빠지기 쉽다. 성취감에 젖어 모든 영예를 자신만 누리고 싶어 한다. 대유(大有)는 풍성한 수확을 뜻하는 것이지만 자아도취의 기분으로 성과를 만끽하라는 것이 아니다. 오히려 대단한 성취나 성공 뒤에는 가족과 친구는 물론이고 함께 일한 동료 등 많은 사람들의 도움과 지지가 포함되어 있음을 잊지 말아야 한다는 의미가 담겨져 있다.

미국 그래비티 페이먼츠(Gravity Payments)라는 기업의 CEO인 댄 프라이스(Dan Price)는 평균 임금이 5만 불이었던 직원들의 임금을 7만 불로 인상했으며, 이를 위해 자신의 연봉을 90%를 대거 삭감했다. 그의 파격적인 결정은 회사의 큰 이슈가 되었지만 많은 사람들이 그 결정을 비판하고 비난했다. 연봉을 깎아서까지 직원들의 임금을 올려주면 직원들은 더 열심히 일을 하지 않을 것이며 회사는 곧 망하게 될 거라고 악담하는 사람들이 많았다. 실제로 그 결정 후에 거래처가 잠시 줄기도 하고 고위직 직원들은 그의 뜻에 반대하며 퇴사하는 등 회사에 위기가 오는 듯 보이기도 했다.

그러나 댄 프라이스는 자신의 뜻을 굽히지 않았다. 시간이 흐르면서 그의 결정에 많은 직원들은 신뢰와 존경을 보냈으며 회사의 이익은 차츰 증가했다. 그의 결정은 이직률을 낮추는 데도 기여해 이직률 최저를 기록하였으며 회사의 신뢰도도 높아졌다. 그뿐만 아니라 댄 프라이스는 직원들이 십시일반 돈을 모아서 산 테슬라 자동차를 깜짝 선물로 받기도 했다.

댄 프라이스가 만약 회사의 이익과 성장이 자신의 능력 덕분이라고만 생각했다면 이런 일을 실행할 수 있었을까? 그는 회사가 성장하면서 얻는 수익을 홀로 독식하려 하지 않았다. 회사를 위해 헌신하는 직원들의 노고를 인정했으며, 그들과 이익을 함께 나누는 것이 더 큰 미래를 위한 일이라 믿고 실천했다. 이처럼 개인의 욕심을 줄이고 다른 사람과 이익을 나누고자 하는 마음은 더 큰 성장으로 자신에게 돌아오게 된다.

사회생활을 하다 보면 상사 혹은 동료가 성공이나 명예욕에 사로잡혀서 공을 가로채는 일이 많이 벌어진다. 치열한 경쟁 사회에서 남을 밟고 올라서야 내가 성장할 수 있다고 믿는 사람들이 있기 때문이다. 그러나 그런 방법으로는 최고의 자리에 오를 수 없다. 수많은 사람들을 짓밟는 동안 자신 역시 짓밟힐 수 있음을 알아야 한다. 또한 자신의 이익에만 혈안이 된 사람을 누가 돕겠는가? 결국 그의 주위에는 도움을 줄 만한 사람이 아무도 남지 않을 것이며 혼자서는 더 큰 성취와 성공을 이뤄낼 수 없을 것이다.

그러니 벼가 익을수록 고개를 숙이듯 돈을 벌고 명예를 얻을수록 겸손한 자세를 가져야 한다. 만약 교만한 태도로 주위 사람들을 무시하고 하찮게 대한다면 많은 사람들의 시기와 질투의 대상이 될 수 있고 이는 자신의 동지가 될 수도 있는 많은 사람들을 적으로 돌리는 일임을 명심해야 한다.

달콤한 말에 현혹되지 말아야 한다

蠱 : '고(蠱)'는 미혹시키다,

현혹하다 등의 의미를 나타낸다.

달콤한 맛에는 중독되기 쉽고, 달콤한 말에는 현혹되기 쉽다. 단 것만 찾아 먹으며 입을 즐겁게 하는 일이 뭐가 나쁘냐고 할 수도 있겠지만 단맛은 강한 중독성을 갖는다. 특히 당분은 몸속에 쌓이면 혈액을 걸쭉하게 만들고 혈관을 점점 좁게 해 급기야는 심장과 혈관을 망가뜨리게 된다.

달콤한 말도 마찬가지다. 내 주위에 듣기 좋은 칭찬과 아부만 하는 사람들만 있다면 매일 즐겁고 행복할지도 모른다. 하지만 달콤한 말 속에는 반드시 숨은 속셈이 있다는 것을 알아야 한다. 모두가 그런 것은 아니라고 해도 대부분은 목적을 갖고 있다. 그 목적을 달성하기 위해 달콤한 말로 나의 이성을 마비시키는 것이다. 그렇기 때문에 나를 현혹시키는 말이나 사람은 항상 경계하고 주의해야 한다는 것이 바로 고(蠱)에 담긴 뜻이다.

이는 입장을 바꿔서 생각해보면 쉽게 이해할 수 있다. 인간관계에서 자칫 상대가 기분 나빠하거나 오해할 수도 있는 조언을 한다는 것은 쉽지 않다. 오히려 상대를 내 편으로 만들고 관계를 쉽게 유지하기 위해서는 상대가 듣고 싶어 하는 말만 하는 것이 더 유리하다. 편하게 말할 수 있으며 상대와의 거리를 좁히는 데도 더 없이 좋은 무기가 된다.

친구 사이에도 사소한 조언 때문에 의가 상할 수도 있다. 아무리 믿고 의지하는 상대라고 해도 그 상대가 나의 단점이나 잘못을 이야기할 때 스스럼없이 기쁜 마음으로 받아들이기가 쉽지는 않다. 이성보다는 감정이 먼저 작동해서 기분이 상하고 상대의 의도를 헤아리기 이전에 상대의 말에만 집요하게 매달려 공격 받았다고 생각할 수도 있다.

그러나 사람은 평생 좋은 소리만 듣고 살 수는 없다. 게다가 조금 듣기 싫은 소리라고 해도 그것이 나를 괴롭히기 위한 비난에 불과한 것인지, 합당하고 객관적인 이유가 뒷받침된 충고인지는 조금만 생각해보면 알 수 있다. 단순한 비난에 불과하다면 더 깊은 관계를 맺지 않으면 된다. 하지만 뼈가 있는 올바른 충고라면 그 사람의 진심을 헤아릴 수 있어야 한다. 얼마나 많은 고민과 갈등을 했을지, 얼마나 심사숙고한 후에 말하는 것인지를. 그런 마음을 알게 된다면 그 말을 함부로 흘려버릴 수 없을 것이며 그 사람을 함부로 내칠 수 없을 것이다.

쇼핑을 하다가 판매 직원들의 말에 현혹되어 구매할 의사가 없었던 물건을 사고 후회한 적이 있을 것이다. 때로는 '한정 판매' '마지막 세일' 같은 매력적인 문구에 현혹되어 필요 없는 물건을 사기도 한다. 영업이나 서비스직에 있는 사람들이 고객에게 듣기 좋은 말을 하는 것은 직업적 특성이라 할 수 있지만 그 외에 나에게 달콤한 말을 늘어놓는 사람 중에 가장 경계해야 할 것은 바로 사기꾼이다.

취업 사기, 결혼 사기, 대출 사기 등등 우리 주위를 둘러보면 사기 피해를 입는 사람들이 많다. 사기꾼들은 더 좋은 미래, 더 행복한 생활을 보장해줄 것처럼 우리를 유혹한다. 그 달콤한 말에 깜박 속으면 이성이 마비되고 합리적인 판단 능력을 상실하여 결국은 자신이 가진 것을 모두 넘겨주게 되는 것이다. 그러니 나를 미혹시키는 것으로부터 나 자신을 지킬 수 있어야 한다.

나에게 아무것도 바라지 않는 진정한 벗이 듣기 좋은 소리를 한다면 상관이 없겠지만 타인이 나에게 듣기 좋은 소리만 늘어놓는다면 진의가 무엇인지 파악할 필요가 있다. 또한 좋은 말만 하는 사람들만 곁에 둔다면 현재 자기 모습에서 결코 더 나아질 수 없다. 사람은 누구나 자기 자신을 객관적으로 보기 힘들며 자신의 좋은 부분만 바라보고 싶어 하기 때문에 더욱 더 다른 사람을 거울로 삼을 필요가 있다. 입에 쓴 약이 몸에 좋은 것처럼 쓴 충고가 나의 성장과 발전에 분명 도움이 될 수 있다.

既濟 困
蹇 節
遯 隨
剝
損 旅 無妄
謙 復
屯
大
觀

3장

위기를 넘어서면 성장이 온다

●●● 성공 후에도 안주해서는 안 된다

既濟

既濟 : '기제(既濟)'는 『역경』에서 처음엔 좋지만 나중에는 어지럽다는 의미이다.

중국에 "창업은 쉬워도 성공을 지키기는 어렵다."라는 말이 있다. 사실은 창업 이후 성공에 이르기는 어렵고, 성공을 유지하기는 더 어렵다고 해야 할 것이다. 비단 창업뿐이겠는가. 모든 일이 그렇다. 고난의 시간들을 이겨내며 겨우 성공에 다다르더라도 그 지위와 성과를 오래 유지하기란 쉬운 일이 아니다.

기제(既濟)는 '이미 물을 건너갔다'는 의미로 어려운 고비를 넘기고 성공한 상태를 말하는 것이다. 그러나 여기에는 성공했으니 안심하라는 의미보다는 조금 더 멀리 내다보고 경계하라는 의미가 강하게 담겨 있다. 우리는 약간의 성취만 하더라도 기뻐서 어쩔 줄 몰라 한다. 그러나 잠시 방심하는 사이에 상황은 언제든 뒤바뀔 수 있으며 성공 이전보다 더 어지럽고 혼란한 상황이 닥칠 수도 있다.

현대인들은 대부분 안정된 환경에서 자라다 보니 끊임없이 노력하고 성취하며 위험을 대비하며 살아가는 것보다는 순간순간을 즐기고 편안함을 추구하며 살아가는 데 더 익숙하다. 그러나 언제든 닥쳐올 위험을 생각한다면 현재 어떤 삶의 태도를 가져야 하는지 한 번쯤 생각해봐야 한다. 아래 이야기를 살펴보자.

어느 날, 여우가 풀밭에 엎드려 부지런히 이빨을 갈고 있는 승냥이를 보고 이렇게 말했다.

"날씨가 이렇게 좋아서 남들은 다 노는데 당신도 여기에 오세요."

그러나 승냥이는 아무 말 없이 계속 이빨을 갈고 또 갈아 날카롭고 뾰족하게 만들었다. 여우는 이를 이상하게 여겨 다시 물었다.

"삼림 속은 이렇게 조용하고 사냥꾼과 사냥개도 없으며 범과 사자도 이 근처에서 활동하지 않아 어떠한 위험도 없는데 당신은 왜 그렇게까지 공들여 이빨을 갈고 있습니까?"

그러자 승냥이는 이렇게 말했다.

"지금은 확실히 내게 어떤 위험도 없습니다. 그러나 언제가 될지 몰라도 어느 날 사냥개나 범이 나를 추격해 온다면 그때는 이빨을 갈고 싶어도 갈 수가 없지 않겠습니까. 그래서 평상시에 이빨을 잘 갈아 놓아야 합니다. 그래야 위험한 순간이 언제든 닥쳐도 안전하게 나 자신을 보호할 수 있으니까요!"

성공 이후 갑자기 몰락하는 기업 사례들은 얼마든지 있다. 90년대를 주름잡았던 일본 전자 기업들은 2000년대에 접어들어 급변하는 시장과 기술 발전을 받아들이지 못해 끝없이 추락했고, 심지어 여기저기 인수되는 신세가 되었다. 기업이 아니라 한 개인의 일생에도 이러한 논리는 똑같이 적용된다. 어느 정도 성과를 거둔 상황에서 현실에 안주한 경우 나머지 경쟁자들에게 역전을 허용하거나 스스로 주저앉고 만다. 한두 차례 이런 경험은 괜찮다. 문제는 안주 이후에 실패라는 틀이 자꾸 반복되면 안 된다는 데 있다.

맹자는 "생우우환, 사우안락(生于忧患 死于安樂)"이라는 말을 했다. 어려운 상황은 사람을 분발시키지만 안락한 상황은 사람을 나태하게 만들어 쉽게 죽음에 이르게 한다는 말이다. 그렇기 때문에 지금의 환경이 안락하다고 느껴지면, 바로 주변을 돌아봐야 한다. 경쟁자들의 위치는 어디쯤 되는지, 내가 가진 능력과 기술이 현재에 얼마나 유용할지, 급변하는 시장 상황에 대해 얼마나 잘 알고 있는지 등등 꼼꼼히 살펴봐야 한다. 위기가 닥치고 난 뒤에 문제를 해결하고 수습하는 것보다 언제 닥칠지 모르는 위기에 미리 대비하는 마음가짐, 이것이 치열한 경쟁에서 살아남게 하는 가장 커다란 무기다.

••• 절제하는 힘이 성취로 이끈다

節 : '절(節)'은 절제하다,
절약하다 등의 의미를 나타낸다.

일을 하다 보면 절제하지 못해 주변의 신뢰를 잃게 되는 일은 예나 지금이나 자주 발생한다. 소비가 생활의 핵심인 시대를 살아가는 현대인에게 절약 및 절제는 하나의 능력이다. 당나라 초기 당태종은 대신들이 절약할 것을 간언하자 이를 기꺼이 받아들여 근검절약을 실행했고 그 덕에 백성들의 지지를 얻으며 태평성대를 유지했다.

절(節)은 무엇이든 도를 넘지 않고 절제하면 모든 일이 순조롭게 잘 성사되지만 그렇다고 과도하게 절제할 경우 이 또한 독이 될 수 있음을 말한다. 절제가 습관화돼야 함은 맞는 말이지만, 그렇다고 너무 절제했다가 기회를 놓치지 말아야 한다.

『자치통감』의 저자 사마광은 "검약한 사람이 사치하기는 쉬워도, 사치한 사람은 검약하기 어렵다."라고 말했다. 이렇듯 돈을 물 쓰듯 낭비하는 사람이 형편이 어려워졌다고 갑자기 근검절약하기란 쉽지 않다. 오히려 욕심이 늘어나고 이를 채우기 위해 불법 행위를 저지르거나 부패해지곤 한다. 탐관오리들 역시 처음에는 청빈한 생활을 유지했다가 점차 탐욕에 빠져 자신의 삶을 망가뜨리게 되는 경우가 대부분이다.

개인의 발전은 물론이고 가정의 행복, 기업의 발전, 국가의 번영, 사회의 진보는 모두 절제하고 절약하는 태도를 기반으로 한다. 절제를 모르고 흥청망청 낭비하고 무엇이든 쉽게 소비한다면 성장은 어려워지고 고난과 시련이 닥쳤을 때 이겨내기 힘들어진다. 절제와 절약은 하나의 생활방식인 동시에 정신적 이념이며 인생 전반을 바로 세우는 토대가 될 수 있다.

절제와 관련한 재미있는 연구가 하나 있다. 바로 '마시멜로 실험'이다. 스탠포드 대학 출신의 심리학자 미셸(W. Mischel) 박사는 4살짜리 아이 600여 명을 대상으로 한 가지 실험을 한다. 아이들에게 마시멜로가 한 개 들어있는 접시와 두 개 들어있는 접시를 보여준다. 지금 먹으면 한 개를 먹을 수 있지만 선생님이 돌아올 때까지 먹지 않고 있으면 두 개를 주겠다고 약속을 한다. 그리고는 마시멜로가 하나

들어있는 그릇을 아이 앞에 남겨놓고 방에서 나간다. 이후 아이들의 반응은 세 가지로 나뉜다. 바로 먹거나, 참다가 중간에 먹거나, 끝까지 참거나 셋 중 하나다.

15년 후 이 아이들이 10대가 된 후에 미셸 박사는 다시 아이들을 만났다. 그리고 마시멜로연구 결과를 발표했다. 마시멜로를 먹지 않고 오래 참은 아이일수록 가정이나 학교에서의 생활 전반이 만족스러웠고 성적 또한 또래들에 비해 뛰어난 성취도를 보였다. 심지어 부모의 평가도 훌륭했다. 이후의 추적 연구 결과도 비슷했다. 인내심을 발휘하지 못하고 마시멜로를 먹은 아이들은 성인이 되어 비만, 약물 중독, 사회 부적응 등의 문제를 안고 살아가는 데 반해 인내력을 보여준 아이들은 성공한 중년의 삶을 살고 있었던 것이다.

단지 몇 분의 기다림일 뿐이지만, 그 짧은 인내의 순간을 무사히 넘길 줄 아는 사람이 인생을 성공으로 이끌 수 있음을 이 실험은 잘 보여준다.

다만 앞서 언급되었듯이 마땅히 욕심을 부려야 할 상황에서 너무 절제하다 보면 기회 자체가 사라질 수 있음을 잊어서는 안 된다. 절제를 습관화하되, 자신에게 기회가 찾아왔을 때는 과감히 도전할 수 있는 실행력 또한 함께 길러야 할 것이다.

••• 어려울 때는 멈추어 기회를 모색하라

蹇 : '건(蹇)'은 절룩거리다, 고난스럽다, 순조롭지 않다 등의 의미를 나타낸다.

21세기에 들어 지난 세기의 비즈니스 기법을 무용지물로 만드는 사례가 속속 등장하고 있다. 자본은 적은데 단순한 아이디어 하나만으로 커다란 성공을 거두기도 하고, 아무 쓸모도 없던 것들이 새로운 기회로 등장하기도 한다. 그렇게 기술의 비약적인 발전과 패러다임의 급변은 수많은 기회를 쏟아내고 있다. 문제는 기회가 늘어나는 만큼 위기의 순간도 함께 늘어난다는 점이다.

건(蹇)은 어려운 상황을 뜻한다. 일생을 살아가다 보면, 사회에서 조직의 일원으로 일을 하다 보면 위기의 순간이 속속 등장한다. 그럴 때 우리가 취할 수 있는 제스처는 몇 되지 않는다. 언뜻 떠오르는 방법은 정면 돌파다. 이 정도의 위기를 무사히 넘겨내지 못하면 앞으로 어떤 일을 할 수 있을까라는 생각이 들기 때문이다. 사실 자신의 능력으로 가능하기만 하다면 정면 돌파가 최선의 방법일 수 있다. 하지만 눈앞에 밀려오는 해일을 몸뚱이 하나로 막을 수는 없지 않은가. 도저히 앞으로 나아갈 수 없을 만큼 곤란한 상황에서는 잠시 멈추고 새로운 방법을 찾는 것이 현명하다.

『손빈병법』에 등장하는 위위구조(圍魏救趙)는 위기가 닥쳤을 때 어떻게 대처해야 하는지를 잘 보여준다. 위나라의 침략을 받게 된 조나라는 동맹국인 제나라에 다급히 도움을 요청한다. 이를 받아들인 제나라는 뛰어난 전략가인 손빈을 참모로 하여 출정을 한다. 대장이었던 전기가 위나라 군대를 향해 곧장 가려 하자 손빈은 이를 말리며 다음과 같이 말한다.

"엉킨 실을 풀 때는 무리하게 잡아당기지 않는 편이 좋습니다. 싸움을 피하고자 한다면 직접 가담하지 말아야 합니다. 요소를 찌르고 허를 찔러 형세를 무너뜨리면 실은 저절로 풀어질 것입니다."

이에 제나라의 군대는 젊은이들이 전쟁 때문에 다 빠져나가 수비가 허술해진 위나라로 향해 수도를 포위한다. 그 소식을 들은 위나라 군대는 철군을 하고 조나라는 평안을 되찾게 되었다.

위위구조는 현재까지도 삼십육계 중에서 가장 빈번하게 활용되는 위기관리 기법이자 성공전략이다. 위기를 타파하고 눈앞에 닥친 일을 성공적으로 수행하기 위해 손빈이 활용한 전략은 무엇일까?

첫째, 자신의 힘을 가늠해 본다. 손빈은 정면 돌파로는 제나라의 군대가 위의 군대를 감당할 수 없음을 인지하고 다른 방법을 찾아보았다. 이처럼 자신의 능력이 얼마나 되는지 잘 알고 있다면 무모하게 도전했다가 실패할 확률은 현저히 줄어든다.

둘째, 독특하고 창의적인 아이디어를 찾아낸다. 10년 후 다시 벌어진 제와 위의 전투에서 손빈은 후퇴를 하며 취사용 솥을 걸어놓았던 자리를 의도적으로 점점 줄여간다. 적은 이를 보고 제나라 군사들이 계속 이탈하고 있다고 오판하여 안심하게 된다. 즉 뛰어난 아이디어 하나로 상대를 방심하게 만들었다. 위기를 벗어나기 위해 꼭 복잡하고 어려운 계획과 전략이 필요한 것이 아님을 여실히 보여준다. 단순하지만 뛰어난 아이디어 하나만 있어도 얼마든지 시련을 이겨낼 수 있다.

셋째, 돌파구가 보이면 그곳에 온 힘을 집중하여 공략한다. 손빈은 위나라 군대를 매복하기 좋은 곳으로 유인한 후, 화력을 쏟아부어 급습한다. 기회가 왔다고 판단되었을 때 전력을 다해 전쟁을 승리로 이끌었다. 위기관리 역시 다르지 않다. 돌파구가 마련되었다면 전심전력으로 밀어붙여야 위기를 벗어날 수 있다.

통찰력으로 미래를 대비해야 한다

旅

旅 : '려(旅)'는 여행하다,
먼 길을 떠나다 등의 의미를 나타낸다.

요즘 가장 주목받는 취미가 하나 있다. 바로 여행이다. 국내든 해외든 수많은 이들이 조금이라도 여유가 생기면 훌쩍 떠난다. 지루하고 버거운 일상을 탈출하여 타지에서 맘껏 인생을 즐기고 돌아온다. 그런데 모든 여행이 다 즐겁지는 않다. 안 좋은 기억을 가지고 돌아오게 되는 경우가 제법 많다. 짧은 일정의, 익히 알고 있는, 가까운 곳을 향한 여행은 수월한 편이다. 문제는 시간이 오래 들고, 잘 알지 못하는 먼 곳을 향한 여행에서 발생한다. 기대와는 판이하게 다르기도 하고, 바가지를 쓰거나 강도를 당하기도 하고, 관광은커녕 건강을 해치고 돌아오기도 한다. 이렇듯 잘 알지 못하는 곳을 오래 여행하려면 그만큼의 리스크를 감수해야 한다.

려(旅)는 길을 떠남에 있어 정도만 지킨다면 어려울 일은 없지만 먼 길을 떠날 때는 위험을 감수해야 한다는 말이다. 인생도 하나의 여정이다. 눈앞에 닥친 짧은 일정 안에서는 위기가 발생해도 감내할 수 있지만, 먼 훗날 발생할 위기에 대해서는 어떠한 후폭풍이 닥칠지 모르는 일이기에 미리미리 대비해야 한다.

세계적인 기업 인텔의 창업자인 앤디 그로브(Andy Grove)는 회사를 성장시킬 수 있었던 비결을 구자생존(惧者生存)이라고 네 글자로 정리하면서, 위기에 대해 두려움을 갖는 사람만이 생존할 수 있음을 강조했다. 다시 말해 위기의식이 없는 기업이나 기업가는 무방비 상태로 재난을 기다리는 꼴이기 때문에 끝내는 실패와 패망에 이르게 된다는 이야기다.

삶을 살아가며 얼마나 많은 위기의 순간이 다가오던가. 느닷없이 큰 병에 걸릴 수도 있고, 사기를 당해 전 재산을 날릴 수도 있다. 요즘 정년을 보장해 주는 회사는 또 얼마나 되는가. 내일 당장 해고될지 모른다는 불안감을 안고 출근하는 상황이라면 당연히 대비를 해야 한다. 물론 이런 일들이 살면서 안 벌어질 수도 있지만, 분명 우리 주변에 그런 일을 겪는 사람들이 적지 않고 언제든 나의 이야기가 될 수 있다.

그래서 필요한 능력이 바로 '통찰력'이다. 늘 예리한 관찰력으로 사물의 본질과 미래의 향방을 꿰뚫어 볼 줄 아는 힘을 키워야 한다. 통찰은 서양철학에서도 가장 핵심 키워드로 꼽힌다.

칸트(Immanuel Kant)는 "있는 그대로의 세계는 우리에게 드러날 수 없다. 또 우리에게 드러난 세계는 우리가 모두 공유하고 있는 현실의 이성에 근거한 형식을 따르며, 이성이 형식과 틀을 부여하지 않으면 세계는 존재하지 않는다."고 했다. 결국 집요한 관찰을 통해 일상이 새롭게 보이는 순간 창조가 시작되고, 이에 철학을 부여하는 것이 곧 새로운 세상이며 과학 발전의 원동력이 됨을 강조하고 있다.

인간은 자연 앞에서 한없이 유약한 존재다. 예리한 통찰력으로 미래를 예측하고 위기에 대비하면서 인류 역사는 발전해 왔다. 인생이라는 험난한 여정을, 행복한 일상으로 가득 채우고 싶다면 '통찰'이라는 기술을 통해 '위기'라는 숙명을 넘어서야 한다.

••• 낙관적인 태도를 갖추어야 한다

困 : '곤(困)'은 곤궁하다,

고생하다, 지치다 등의 의미를 나타낸다.

현대사회에서 통용되는 빈곤은 보통 물질적 빈곤을 의미한다. 그러한 까닭에 생의 최우선 목표로 돈을 많이 버는 것을 앞세우는 사람이 적지 않다. 조금 더 안락한 생활과 쾌락을 즐기기 위해서 돈을 필요로 한다. 하지만 이 세상에 존재하는 재화는 한정되어 있고 원하는 만큼 부를 얻는 사람은 극소수에 지나지 않는다. 많은 이들이 자신은 가난하기 때문에 불행하다고 느끼는 까닭이 바로 여기에 있다.

곤(困)은 곤궁에 처했을 때의 마음가짐에 대해 말하고 있다. 원하는 만큼 벌지 못한다 하여 자책을 하고 타인을 시기하고 세상을 원망해서는 안 될 일이다. 그럴수록 불행의 늪은 깊어져만 가고, 영영 헤어나지 못할 수도 있다.

OECD 가입국 기준으로 우리나라는 제법 오랫동안 자살률 1위라는 오명을 뒤집어쓴 상태다. 그리고 그렇게 많은 이들이 스스로 목숨을 끊는 이유가 빈곤에 있다. 정말 견딜 수 없을 만큼 힘이 들어 극단적 선택을 하는 이들도 있지만, 그중 적지 않은 부류가 충분히 생을 재건할 수 있는 상황임에도 자살을 택한다. 마음대로 되는 일이 아무것도 없다, 이 세상을 이겨내기가 너무 두렵다, 나는 쓸모가 없는 인간이다 등등 오로지 부정적인 방향으로 생각을 끌고 간 끝에 비극이 벌어지곤 한다. 왜 이러한 일들이 벌어지는 걸까? 이는 온 생명을 쏟아부어야 할 대상을 잘못 택했기 때문이다.

중국 고어에 "군자이지명축지(君子以致命逐志)"라는 말이 있다. 군자는 자신의 이상을 달성하기 위해서는 생명도 아까워하지 않아야 한다는 뜻이다. 이상(理想)이란 생각할 수 있는 범위 안에서 가장 완벽하다고 여겨지는 상태다. 아무리 현대사회가 물질지향주의라지만 인류 역사를 이끌어 온 가치, 즉 이상은 부의 축척에 있지 않다. 군자의 도리를 다함으로써 조금 더 이상적인 인간으로 다가서려는 노력이 충만해지면 부가 적든 많든 삶은 행복해질 수밖에 없다.

또 하나 물질적 빈곤이 닥쳤을 때 중요한 삶의 자세가 있다. 바로 긍정 마인드를 잃지 않는 것이다. 성공철학의 거장인 나폴레온 힐은 "한 사람의 성공은 그의 마음가짐에 달려 있다. 성공하는 사람은 언제나 적극적인 태도를 갖고 있어서 난관에 봉착해도 좌절하지 않고 낙관적인 태도를 유지하는 반면 실패하는 사람은 매사 소극적인 태도로 인생을 대한다."라고 말했다. 이처럼 상황을 비관적으로 보기만 하는 사람은 매사에 의기소침해지고 반대로 낙관적으로 상황을 보는 사람은 언제나 활력이 넘치고 적극적으로 행동하여 성공 확률을 높인다.

현실에 만족하지 못할 때 우리는 타인과 비교하며 스스로를 좌절 속으로 밀어 넣곤 한다. 하지만 긍정적으로 일상을 바라보는 시각을 키운다면 나보다 더 나은 사람을 향한 질투는 배우려는 자세로 뒤바뀔 것이다. 그렇게 긍정 마인드를 갖추고 하나라도 더 배우려 노력한다면 삶은 조금씩 만족스러운 방향으로 나아가지 않을까?

●●● 침착해야 임기응변도 가능하다

震 : '진(震)'은 진동하다, 뒤흔들리다,
지나치게 격동하다 등의 의미를 나타낸다.

중국에는 진수니(震遂泥)란 말이 있다. 벼락이 쳐서 진흙탕 속에 빠지는 것처럼 뜻밖의 일이 발생했을 때 경황실색(驚惶失色)하면 점점 더 깊이 진흙 속에 빠져들어 혼자서는 절대 나올 수 없게 된다는 의미다. 돌발적인 상황에 대처하는 방법이 적합하지 않으면 개인은 물론, 심한 경우 자신이 몸담은 집단이나 주변 사람들도 진흙 구덩이에 빠져 버릴 수 있다.

살다 보면 느닷없이 커다란 위기나 긴요한 선택의 순간과 마주하게 된다. 진(震)은 이렇게 인생 전반을 살펴볼 때 시험대라 할 만한 순간들을 뜻한다. 긴박하고 위험한 상황은 임기응변 능력을 파악할 수 있는 중요한 기회가 되기 때문이다. 그렇다면 그런 순간에 닥쳤을 때 어떻게 해야 할까?

"수레가 산 앞에 이르면 길이 있는 법이다.", "하늘이 무너져도 솟아날 구멍이 있다."는 속담이 있다. 이는 '궁하면 통한다'는 뜻이지만 가만히 앉아 있는데 저절로 살 길이 마련된다는 의미는 아니다. 우선은 상황에 휘둘리지 않도록 침착해야 한다. 우렛소리에 백 리 주변이 뒤흔들릴 정도로 두렵고 위험한 순간에도 놀라거나 혼란에 빠지지 않아야 한다. 허둥대다 보면 불안한 감정에 사로잡혀 제대로 사고할 수 없기 때문이다. 일단 마음을 최대한 차분하게 가라앉힌 다음 적극적으로 대책을 마련해야 한다. 위기 상황이 급작스럽게 닥쳤을 때 어떻게 대처하는 것이 바람직한지 전문가들은 3가지 방법을 제시한다.

첫째, 위기가 발생하게 된 원인이 내부에 있는지, 외부에 있는지를 먼저 살핀다. 위기관리에 실패하는 경우들을 살펴보면 내부에서 발생한 문제 때문에 위기가 촉발됐음에도 이를 외부요인으로 인식하여 원인을 잘못 짚는 일이 빈번하다. 대다수의 사람들은 자신의 이익과 입장만을 먼저 생각한다. 그래서 아전인수(我田引水) 격으로 나는 잘못되지 않았다고 우기고 남 탓을 하게 된다. 자신도 위기 상황에서 그런 태도를 취하고 있지는 않은지 잘 따져 봐야 한다.

둘째, 위기 상황에 대처할 수 있는 시스템의 마련이다. 위기 상황을 예측하고 그런 일이 생겼을 때 어떤 순서와 방식으로 대책을 마련할지를 미리 구체화시켜야 한다. 복잡한 매뉴얼까지는 아니더라도, 간단한 알고리즘 정도는 평소 준비해 둔다면 덜 당황하고 침착하게 상황을 해결해 나갈 수 있다.

셋째, 소통 경로가 활성화되어 있어야 한다. 아무리 뛰어난 사람이라도 급박하게 닥쳐 온 위기를 혼자만의 힘으로 해결하기는 힘들다. 이런 일이 발생했을 때 적극적으로 정보를 공유하여 도움을 줄 수 있는 창구를 여럿 만들어야 한다. 힘이 덜 드는 것은 물론 생각이 한쪽으로 치우지지 않게 할 수 있다.

넷째, 가까스로 위기를 넘겼다면 안도하지 말고 차후를 대비해야 한다. 왜 그러한 위기가 다가왔는지 철저히 분석하고 이겨 낸 과정을 잘 정리해 두는 것이다. 그리고 이번 일을 계기로 어떻게 성장을 도모할지 계획하고 이를 바로 실천에 옮기려는 태도를 늘 갖추어야 한다.

● ● ● 실패는 과정이지 결과가 아니다

剝 : '박(剝)'은 벗기다, 긁히고 깎여서 떨어져 나가다 등의 의미를 나타낸다.

에디슨이 어떤 발명에 골몰하고 있을 때 한 젊은 기자가 찾아와 물었다. "발명을 하면서 만 번이나 실패를 했다는데 이에 대해 어떻게 생각하십니까?" 그러자 에디슨은 "젊은이, 당신은 이제 인생의 첫걸음을 뗀 것에 불과하오. 당신 미래에 도움이 될 만한 이야기를 해 주겠소. 나는 만 번의 실패를 하지 않았소. 다만 통하지 않는 만 가지 방법을 발견했을 뿐이오."라고 말했다.

박(剝)은 만물의 변화와 쇠퇴를 의미한다. 살아가면서 하나의 목표를 두었을 때 어찌 실패가 없을 수 있겠는가. 세상 모든 만물은 성장과 쇠락을 반복한다. 일도 마찬가지다. 좌절과 실패를 겪더라도 움츠러들거나 두려워하지 말아야 한다. 오히려 실패를 통해 새로운 도전의 기회와 자신만의 특출한 스킬을 찾아낼 수 있어야 하며, 그 과정에서 성공의 발판을 마련할 수 있다. 다만 실패한 후에 이를 잘못된 방향으로 받아들여 앞날을 망치는 이들이 적지 않다. 따라서 다음의 세 가지를 경계해야 한다.

첫째, 타인의 시선이다. 한 번 실패하게 되면 주변의 비난이 먼저 떠올라 마음이 위축된다. 자신을 업신여기거나 무능력한 사람으로 바라보지 않을까 걱정이 앞선다. 하지만 다른 이들이 나를 어떻게 바라볼까만 생각한다면 두려움은 더욱 커지고 다시 도전의 기회가 오더라도 움츠러들게 된다. 인생을 이끄는 사람은 자기 자신이지 타인이 아니다. 오히려 명예회복을 위해 더욱 분발하고 의지를 세워야 한다.

둘째, 능력의 과신이다. 이는 위와는 반대의 경우인데 자신이 능력이 뛰어나다 믿어 실패를 대수롭지 않게 여기는 케이스다. 이번에는 실수가 있었고 운이 나빴을 뿐, 다음에 또 이런 일이 벌어지면 능히 이겨낼 수 있다고 과신하는 이들이다. 이런 사람들은 대부분 귀를 막고 주위 사람들의 값진 충고와 조언을 외면한다. 아무리 뼈아픈 충고일지라도 더욱 귀를 기울이려 노력하면 주변에서 신뢰를 얻을 수 있고, 추후에 그들의 도움을 받아 능히 일을 완수할 수도 있다.

셋째, 지나친 과욕이다. 한 가지 일에 실패하게 되면 이를 만회하기 위해 이전과는 다르게 갑자기 일에 달려들곤 한다. 문제는 그럴수록 마음이 조급해진다는 데 있다. 과하게 일에 매달린다고 해서 당장 새로운 성과가 난다고 보장할 수 없으며, 그랬다가 건강을 망치기라도 하거나 정신적으로 피폐해진다면 더 소중한 가치를 잃고 마는 것이다.

핀란드 속담 중에 "제일 높은 나무에 오르려다 아래로 떨어진다."라는 말이 있다. 높은 목표를 향해 나아가는 과정에서 셀 수 없이 많은 실패가 발생함은 당연하다. 핀란드를 대표하는 기업 노키아가 실패를 인정하던 날 핀란드인들은 큰 충격을 받았지만 그렇다고 주저앉지도 않았다. 2011년, 핀란드의 한 창업동아리에서 10월 13일을 '실패의 날'로 지정했다. 이때가 되면 평범한 대학생이나 직장인부터 유명인까지 자신의 실패담을 고백하고 공유한다. 오히려 실패를 두려워하지 않고 새로운 도전의 계기로 삼기 위해 서로 독려하고 정보를 공유하는 것이다.

세상 모든 일에는 다 뜻이 있고 길이 있다. 실패는 실패 그 자체가 아니라 하나의 과정일 뿐이다. 먼 길을 떠났는데 가다가 다리가 아프기도 하고 목이 마르기도 하고 돌부리에 걸려 넘어질 수도 있다. 조금 힘들다 뿐이지 그렇다고 누구도 가던 길을 쉬이 멈추지는 않는다. 그것이 우리가 실패에 대해 취해야 할 태도다.

● ● ● 변화의 흐름에 유연하게 대처하자

隨

隨 : '수(隨)'는 따르다, 순종하다,
마음대로 하게 하다 등의 의미를 나타낸다.

예전에는 한 가지 일만 잘해도 되는 시절이 있었다. 그러면 안정적으로 직장을 다니고 정년을 마치는 게 가능했다. 지금은 어떤가? 회사는 날이 갈수록 직원들이 다양한 스킬을 익히도록 교육에 힘쓰고 압박을 가한다. 국내 경기는 좀체 반등의 기미가 없고 4차 산업혁명의 물결과 더불어 국제 정세는 시시각각 변화하고 있다. 언제 회사에서 퇴출될지 모르고 지금 안정적으로 하는 일이 몇 년 안에 급락의 길을 걸을지 모른다. 매일매일 새롭게 등장하는 변화에 적응하려는 노력이 절실한 순간이다.

수(隨)는 변화를 따르려면 반드시 임기응변(臨機應變)을 할 줄 알아야 한다는 뜻이다. 임기응변의 사전적 의미는 "그때그때 처한 뜻밖의 일을 재빨리 그 자리에서 알맞게 대처하는 일"이다. 실제로 근래 대한민국의 상황을 살펴보면 뜻밖에 벌어진 일 때문에 각계각층에서 허둥지둥하는 모습을 볼 수 있다. 바로 가상화폐의 등장이다.

비트코인을 위시한 가상화폐의 인기가 하늘 높은 줄 모르고 치솟는 중이다. 정부는 규제를 해야 할지 관리 하에 두어야 할지 고민을 거듭하고 있으며, 언론에서는 터무니없는 거품이다 미래 경제를 이끌 자산이다를 놓고 논쟁 중이다. 기존의 논리로는 설명할 수 없을 만큼 폭등하는 바람에 이제는 투자 전문가가 아니라 10대 청소년부터 주부, 60대 이상 은퇴자까지 재테크에 관심이 없던 이들까지 너도 나도 달려들고 있다. 주식, 부동산 등 전통적 재테크 투자자들까지 가상화폐에 지대한 관심을 보인다. 문제는 그만큼 리스크도 커서 한 번 삐끗하면 손을 쓸 수 없을 만큼 타격을 받는다는 데 있다.

『손자병법』에 따르면 물은 지형에 따라 흘러가고, 용병술은 적의 동태에 따라 승리를 결정한다. 물이 고정된 형태가 없는 것처럼 작전에도 고정된 방식이 존재하지 않는다. 적의 변화에 따라 승리를 취할 수 있기에 용병술은 '신'과 같다고 할 수 있다. 즉 언제 어떻게 변할지 모르는 적의 기세에 영민하게 대처하고 임기응변할 수 있어야 함을 강조한다.

어렵고 복잡한 일을 처리할 때는 반드시 고정된 사유 방식에서 벗어날 필요가 있다. 사고가 고정되고 편협한 경우 문제의 답을 찾기 어려워진다. 따라서 뛰어난 능력을 발휘하고 싶다면 한계를 탈피해서 깊고 넓게 사유할 수 있어야 한다. 어느 한쪽에 치우치지 않고 상하좌우, 전후로 문제를 입체적으로 살펴야 보통 사람들이 보지 못하는 것까지도 찾아낼 수 있다.

가상화폐 문제도 마찬가지다. 차트만 뚫어지게 바라보거나 언론 보도만 살피지 말고, 지금 자신의 입장에서 취할 수 있는 최선의 자세가 무엇인지 찾는 일이 급선무다. 투자의 기본 원칙을 지키려 노력하고 거짓 선동에는 귀를 닫아야 하며 전문가들의 의견을 살피고 정부 정책에 관심을 집중해야 한다. 다시 말해 다각도로 문제를 살펴야 급박한 변화에 적절히 대처할 수 있다. 그러한 과정 속에서 자신이 할 수 있는 일이 구체화되면 이를 행동으로 옮기기만 하면 된다.

변화를 읽지 못하는 것은 물론이고 변화에 맞춰 대응하지 못하는 사람은 늘 위기를 맞게 된다. 자신은 물론 사랑하는 가족과 현재의 일터에도 부정적인 영향을 미칠 수 있다. 변화를 탓할 수는 없다. 변화는 사회적인 흐름이고 숙명이다. 이제 적절히 대응할 수 있도록 다각도에서 문제를 살피고 사고를 유연하게 하는 습관을 길러야 한다.

●●● 때를 기다리며 능력을 키워야 한다

明夷

明夷 : '명이(明夷)'는 『역경』에서 쓰이는 말로 '광명에 손상을 입다'는 의미다.

명이(明夷)는 광명이 가려지고 사라진다는 의미이지만 마음을 바르게 가지면 괴로움에서 벗어날 수 있음을 강조한다. 어쩔 수 없이 강한 억압과 통제를 받는 환경에 놓여 있어서 당장은 벗어날 수 없다고 해도 낙심하지 말고 굳은 의지와 적극적인 책략으로 출구를 찾아야 한다. 다양한 사례를 들 수 있지만 이웃 나라 중국의 현대사에서 그 해답을 찾을 수 있다.

현재의 중국은 미국에 대적할 유일한 국가로 꼽힐 만큼 급성장을 이루었다. 하지만 불과 40년 전만 해도 막 개방 정책을 시작한, 미래가 불투명한 동양의 한 국가일 뿐이었다. 넓은 땅덩이와 세계 제1의 인구, 풍부한 천연자원이라는 가능성이 있었지만, 공산주의라는 장벽이 의문을 가지게 했다. 중국을 바라보는 전 세계의 시선은 기대와 불안이 공존했지만 결국에는 지금과 같은 결과로 나타났다.

1980년대는 중국 역사에 있어 가장 큰 변혁기이자 위기의 순간이었다. 1989년, 민주화의 바람과 함께 발생한 천안문 사태는 중국 정권의 존립을 흔들었다. 대외적으로도 상황은 만만치 않았다. 동독과 소련의 붕괴로 민주주의와 대립하며 그 축을 이뤄 온 사회주의 체제는 무너져 가고 있었다. 공산주의를 유지하면서 개방 정책을 펼쳐 온 중국의 입장에서는 대위기를 맞이한 것이다. 이렇게 혼란스러운 시기에 덩샤오핑이 펼친 정책이 바로 도광양회(韬光养晦)다.

도광양회는 자신을 드러내지 않고 때를 기다리며 은밀하게 힘을 기른다는 뜻이다. 덩샤오핑이 밝힌 중국의 대외관계 지도방침으로, 소위 '28자 방침'의 일부다. 이에 도광양회의 의미를 정확히 이해하려면 28자 방침 전반을 살펴야 한다.

먼저 중국이 어떤 입장을 내거나 행동을 취하기 전에 국제정세가 어떻게 형성되었고 또 변화되어 가는지를 냉정하게 관찰[冷静观察]해야 한다. 동시에 스스로 내부의 질서와 역량을 공고히 하고[稳住阵脚], 중국의 국력과 이익을 고려해 침착하게 상황에 대처하며[沉

着应付], 밖으로 능력을 드러내지 않고 실력을 기르면서[韬光养晦], 능력이 없는 듯 낮은 기조를 유지하는 데 능숙해야 하고[善于藏拙], 절대로 앞에 나서서 우두머리가 되려고 하지 말되[决不当头], 꼭 해야만 하는 일은 한다[有所作为]는 것이다. 그리고 28자 방침의 핵심 기조로 도광양회가 꼽히고 있다. 이러한 정책 기조들이 순조롭게 국가운영에 적용되었기에 지금의 중국이 존재할 수 있었다.

도광양회의 궁극적인 목적은 결국은 자신의 뜻을 실현해내는 데 있다. 위기와 변혁의 순간, 최대한 침착한 마음가짐으로 행동을 절제하며 내밀하게 실력을 키워야 한다. 진짜 실력을 갖춘 사람들은 함부로 자신을 드러내거나 호들갑을 떨지 않는다. 이미 충분한 능력이 있음에도 더 실력을 가다듬고 키우기 위해 스스로를 낮춘다. 지금 당장은 아니더라도, 훗날 인정받는 사람이 되기 위해서는 28자 방침을 자주 곱씹어 볼 일이다.

●●● 욕망을 올바로 사용해야 한다

無妄

無妄 : '무망(無妄)'은
거짓 없이 천명에 따른다는 의미를 나타낸다.

삶을 활력으로 이끌고 성공을 위한 계획을 세우게 하는 가장 큰 원동력은 무엇일까? 바로 '욕망'이다. 그렇다면 삶을 비탄에 빠트리고 실패의 구렁텅이로 몰아넣는 가장 큰 요인은 무엇일까? 그것 또한 '욕망'이다. 그렇다. 욕망은 양날의 검이다. 욕망을 얼마나 잘 사용하느냐에 따라 삶의 질이 결정된다.

욕망이 부족할 경우 동기 부여가 되지 않아 의욕과 실행력이 떨어지게 된다. 하나의 일을 완성해 나감에 있어 책임감이 떨어지며 주변과 어울리려는 노력이 부족해 대인관계에도 지장을 준다. 명확한 목표를 설정하기가 어려워지고 어떤 일을 맡게 되든 의무적, 수동적으로 처리하여 효율과 성과도 떨어진다.

욕망이 과해도 문제다. 넘치는 의욕을 주체하지 못해 빈번히 일을 그르치고 자신의 의견과 다르면 바로 다툼을 일으킬 수 있다. 과도하게 계획을 세우는 바람에 자신이 맡은 일은 물론 조직 전체에 악영향을 끼치기도 한다. 때로는 욕망을 채우려다가 불법을 저지르기도 한다.

무망(無妄)은 일을 함에 있어 거짓 없이, 진실한 마음으로 천명에 따름을 말한다. 욕망을 적절한 수준으로 유지하고 싶다면, 욕망 이외에 자신을 다잡아 줄 요소를 따로 마련해야 한다. 진심으로 전력을 다할 수 있는 '천명(天命)'이 바로 그것이다.

현대인에게 천명이란 무엇인가. 아마도 대부분의 사람들이 부와 권력을 쌓는 일이라 답할지 모른다. 『논어』에서도 "부와 귀(貴)는 사람의 욕망이다."라고 했다. 권력과 부의 적절한 사용은 자신이 세운 목적에 도달할 수 있도록 만드는 가장 큰 힘이다. 하지만 자신에게 힘이 쥐어졌을 때 이를 적절하게 사용하는 사람이 과연 몇이나 될까? 그래서 우리는 이상적이고, 도덕적인 천명을 또 하나의 중요한 가치로 삼아야 한다.

공자는 "올바른 방법이 아니라면 차라리 가난할지언정 내가 좋아하는 일을 하겠다."라고 말했다. 여기서 욕망을 어떻게 사용해야 할지 우리는 답을 찾을 수 있다. 바로 '올바른 방법'에 따르는 것이다.

우리 사회 전반의 발전을 가장 저해하는 요인으로 늘 꼽히는 사항이 바로 '부정부패'다. 조금이라도 권력이 생기면 자신의 욕망을 실현하기 위해 온갖 비리와 불법을 저지른다. 오래된 병폐임에도 불구하고 쉬이 근절하기 힘들다. 기득권층의 권력이 너무 막강하기도 하고, 경제발전에만 매달린 나머지 사회 전반적으로 성숙된 철학이 자리 잡지 못한 까닭도 있다. 하지만 시대는 변하고 있으며, 부정부패를 저지른 자들이 혹독한 대가를 치르는 모습을 우리는 자주 접하고 있다. 그 과정에서 이견이 생기고 논쟁이 벌어지지만 그 정도의 아픔은 감수해야만 한다.

남들도 그렇다고 해서 나까지 도의를 저버리고 군자이기를 포기한다면 인간으로서의 의무를 다하지 못한다고 볼 수 있다. 타인과 똑같은 인생이 아닌, 타인에게 모범이 될 만한 인생을 '욕망의 올바른 발현'을 통해 이루어 내야 한다. "천명을 알지 못하면 군자가 될 수 없다[不知命, 無以爲君子也]."는 공자의 외침에 그래서 더욱 귀 기울여야 한다.

••• 바른 마음가짐이 손실을 줄일 수 있다

損 : '손(損)'은 감소하다, 손실을 입다, 손해 보다 등의 의미를 나타낸다.

앞서 언급되었듯 욕망은 한 사람의 인생을 이끌어 가는 핵심 키워드다. 21세기에 들어 개인주의가 더욱 심화되고 자신의 능력만 출중하다면 능히 부와 권력을 쌓을 수 있는 길이 열렸다. 문제는 많은 이들이 이러한 기회를 과도한 욕망으로 이뤄 내려는 데 있다. 오로지 욕망에 매달려 쾌락을 탐하는 데 심취하는 사람들이 적지 않다.

손(損)은 감소함을 뜻한다. 하지만 손해를 보았을 때 성실하게 임하고 마음을 바르게 가지면 이로울 수 있다는 것이다. 수신양성(修身养性)의 제일 좋은 방법은 욕망의 감소에 있다. 욕망을 감소시키면 마음을 어지럽히는 요인이 사라져서 심신이 건강해지고 어떠한 일을 하든 실패할 확률이 줄어든다.

어찌 인생을 살아가며 명예와 금전에 유혹되고 아름다운 외모와 미식에 유혹되지 않을 수 있겠는가. 어떤 면에서는 이해가 되는 부분이지만, 적어도 이로 인해 앞날을 망가뜨리지 말아야 한다. "일실족성천고한(一失足成千古恨)", 즉 한번 발을 잘못 내디디면 천추의 한이 된다는 속담처럼 탐욕에 눈이 멀어 패가망신하는 이들을 우리는 주변에서 쉬이 찾을 수 있다. 철학가 플라톤은 "사람에게 있어 가장 중요하고 큰 승리는 자기 자신을 정복하는 것이다. 제일 수치스러운 결말은 욕망에 의해 정복되는 것이다."라고 말했다. 이처럼 유혹을 물리치려면 결국은 탐욕을 이겨낼 만한 '의지'가 있어야 한다.

근래 기업들을 이끄는 CEO들 사이에서 노장 사상이 열풍을 일으켰다. 어쩌면 가장 욕망의 실현에 근접한 이들이라고 볼 수 있음에도, 이들은 무위자연(無爲自然)에 주목했다. 무위자연이란 말 그대로 자연의 흐름에 거스르지 않고 순응하는 태도를 뜻한다. 경쟁자들과 몸싸움을 해도 모자랄 판에, 세상 흐름에 순응한다니? 의아하게 생각하는 이들이 적지 않겠지만 거기에는 다 까닭이 있다.

기업의 몰락에는 각기 다양한 이유가 있겠지만, 욕망과 쾌락에 집착한 나머지 자신의 생은 물론이요 조직 전체를 위기로 몰고 가는 경우가 많다. 과도한 욕망과 그에 따르는 추진력이 조직을 이끄는 힘의 전부였던 시절도 있었다. 지금은 어떠한가? 절제와 여유, 소통과 협업이 없다면 기업은 살아남지 못한다. 이러한 부분들은 욕망으로만은 실현할 수 없는 사안들이다. 치열한 경쟁의 장에서 벗어나 인간다움을 추구하는 현대인들의 성향, 즉 직원들과 고객들의 행복한 삶을 위해 자신의 욕망은 잠시 내려놓고 세상의 흐름을 들여다보려는 노력에서 '노장 사상'의 열풍이 시작된 것이다.

이러한 논리는 기업이 아닌, 한 개인의 삶에도 적용이 가능하다. 그렇게 욕망에 매달려 앞만 보고 달려온 지금까지의 삶은 과연 행복했는가? 이제는 자신에게 진지하게 물어봐야 할 때이다.

●●● 멈추고 생각하는 시간도 필요하다

艮 : '간(艮)'은

정지의 의미를 나타낸다.

몇 년 전 대한민국이 한 권의 책에 집중했다. 바로 『멈추면 비로소 보이는 것들』이다. 우리는 왜 그렇게 이 책에 열광했을까. 책 내용은 둘째 치고 제목만 살펴보자. 지금 이 땅에서 살아가는 사람들 중에서 치열하게 달려오지 않은 사람이 과연 몇이나 될까. 어떠한 위치에서 무슨 일을 하든지 마찬가지다. 돈을 많이 벌든 적게 벌든 똑같다. 나도 당신도 쉼 없이 달려왔다. 그런데 잠시 멈추라고, 그리고 가만히 서서 주변을 살피라 한다. 그제야 비로소 실체를 드러내는 것들이 있다고 한다. 이미 제목만으로도 무언가 깨달음을 얻은 기분이지 않은가?

사회에서 잘나가는 사람 중에 가정에 대해 불만을 터트리는 이들을 종종 보곤 한다. 자기는 온 힘을 바쳐 일을 해서, 집에 열심히 돈을 벌어다 주는데 가정에서 문제가 자주 생겨 골치가 아프다는 이야기다. 부부관계는 원만하지 못하고, 자녀들은 자신의 뜻대로 따라 주지 않는다고 하소연을 한다. 정말로 그러한 문제가 가족들의 탓인 걸까?

문제가 발생할 때 어느 한쪽만 잘못하여 생기는 경우는 거의 없다. 서로에 대한 불만이 조금씩 쌓이다가 다툼으로 발전하기 마련이다. 자기는 열심히 하고 있는데 가정에 문제가 생겼다면 우선 일에서 눈을 돌려 한동안 가정을 바라보자. 얼마나 집에서 가족들과 대화를 하고 함께하는 시간을 공유하는가. 그네들의 고민에 대해 귀 기울여 본 적이 있는가. 여기저기서 터지는 불만을 맞받아치지 않고 감싸 안으려 한 적이 있는가. 일은 잠시 멈추어 두자. 진정한 행복이 어디에 있는지는 잘 알고 있지 않은가?

간(艮)은 정지의 의미를 나타낸다. 알맞은 시기와 적당한 곳에 가서는 정지할 줄 알아야 함을 말해 준다. 아무리 바쁘더라도 잠시 멈추어 서서 지난날을 되돌아보고 반성을 하는 사색의 시간은 반드시 필요하다. 하지만 그 사색의 시간을 따로 마련하기가 쉽지가 않다.

잠시 멍하니 사색의 시간을 가지려 하면 금방 잡생각들이 머릿속을 가득 채운다. 사색을 위해 가장 유용한 수단은 바로 '독서'다.

우리가 아는 독서광 중에 가장 유명한 사람은 누구일까. 나는 빌 게이츠를 꼽고 싶다. 세계적인 일류 기업 마이크로소프트의 수장인 그는 독서 예찬론자다. 아무리 바쁘더라도 손에서 책을 놓지 않기로 유명하다. 그가 운영하는 회사는 소프트웨어를 다루지만 그는 전자책보다도 종이책을 더 선호한다. 그리고 그 독서가 지금의 자신을 만든 원동력이라고 단언한다.

독서를 하면 어쩔 수 없이 하던 일을 멈추어야 한다. 자연스럽게 일상에서 정지하게 된다. 그리고 책을 읽으며 새로운 아이디어들이 떠오르고 과거를 반성하게 된다. 저절로 사색이 이루어지는 것이다. 그렇게 한 권 한 권 독서량이 쌓이다 보면 세상을 살아가는 지혜와 미래를 내다보는 통찰력은 자연스럽게 늘어난다. 이만하면 독서를 습관화해야 될 이유는 충분하지 않겠는가?

아무리 바쁘더라도, 이따금은 멈출 줄 알아야 한다. 그리고 그 인생의 여백을 독서로 채우기 바란다. 동서고금을 막론하고 수많은 위인들이 늘 곁에 책을 두었던 이유를, 스스로 깨닫게 되기를 기대해 본다.

••• 잠시 물러나는 지혜도 갖춰야 한다

遯 : '둔(遯)'은 도망치다, 회피하다,
숨다 등의 의미를 나타낸다.

어떤 사람들은 회의를 할 때 끝까지 자신의 주장을 굽히지 않는다. 분명 그 의견이 틀렸음에도 지지 않으려 한다. 논의를 한다기보다는 싸움을 하려는 듯 보일 때도 있다. 경쟁이 치열해지는 만큼 맞붙으면 싸워서 이겨야 한다는 생각이 강해서인지 좀체 양보라는 미덕을 발휘하지 못한다.

지금 우리 사회가 얼마나 양보가 부족한지는 신문의 사건, 사고면만 봐도 잘 알 수 있다. 층간 소음 때문에, 보복 운전 때문에, 그냥 어깨를 부딪쳤다는 이유로 사람이 다치거나 심지어는 죽는다. 분노를 조절하지 못하고 화부터 내는 사람들. 분명 '사회' 안에서 공동체

생활을 함에도 자신만의 '영토'를 만들어 그 안에 누군가 들어오면 견디지를 못한다. 심각한 일이 아닐 수 없다.

둔(遯)은 물러설 때는 물러설 줄 알아야 한다는 말이다. 치열한 경쟁사회에서 살아남으려면 각종 압력에 맞서 이겨나가야 하지만 그렇지 못할 때는 물러나거나 남에게 양보할 줄도 알아야 한다.

근래에 들어 각종 계층과 분야에서 다툼이 끊이지 않는다. 정치권은 말할 것도 없고 세대, 지역, 노사 심지어 성별로 나뉘어 서로에게 삿대질을 한다. 사분오열 된 대한민국이 가장 시급하게 해결해야 할 과제는 이를 봉합하는 일이며 해결책은 단 하나, 바로 양보이다.

양보라 하여 무조건 뒤로 물러섬이 능사는 아니다. 양보를 하는 입장에서, 양보를 받는 입장에서 의미가 있는 행동이어야 한다. 그런 면에서 "자신의 사리사욕을 버리고 다른 사람의 착한 행실과 마음을 좇는다." 즉 "남의 언행을 거울삼아 자신의 언행을 바로잡는다."는 의미를 가진 맹자의 가르침, 사기종인(舍己從人)에 주목할 필요가 있다.

내가 존중받으려면 타인을 존중할 줄 알아야 한다. 항상 배우려는 자세를 갖춘다면 존중심은 저절로 생겨나기 마련이다. 매사에 배우려는 마음으로 충만하다면, 이견이나 충돌이 생겨도 저절로 양보하려 애쓰게 된다. 그러한 삶의 태도를 습관화하면 주변에서 겸손한 사람으로 평가를 받아 자연스레 덕이 쌓이게 된다. 그저 조금 물러났을 뿐인데, 신뢰가 높아져 믿을 만한 사람으로 인식되는 것이다.

커다란 성취 후에도 물러날 줄 아는 지혜가 필요하다. 공과(功課)는 자신보다는 타인에게 돌리고 이익은 최대한 나누려 노력할 줄 알아야 한다. 그리고 주요 업무에서는 한걸음 물러나서 새로운 인재가 자리 잡도록 돕는 배려가 필요하다.

노자도 "성공하고 명예를 이루고 물러남은 하늘의 도리이다."라고 말했다. 제때에 물러나는 것 또한 현명한 삶의 지혜다.

●●● 위기 앞에서 초심을 되살려 보자

坎

坎 : '감(坎)'은 많은
구덩이 등의 의미를 나타낸다.

감(坎)은 구덩이가 많다는 뜻으로 곤란이 거듭되면서 불운해지는 상태를 말한다. 곤란한 일이 한두 개만 돼도 곤혹스러운데 수차례 반복된다면 심신이 버티기 어려운 지경에 이를 수도 있다. 하지만 "범에 물려 가도 정신만 차리면 산다." 하지 않았는가. 정신을 바짝 차리고 하나씩 문제를 해결해 나간다면 언제든 다시 정상 궤도에 오르는 것이 우리네 인생이다.

현재 세계 최대의 자동차 기업으로 평가받는 도요타도 한때는 회사 존립을 뒤흔드는 대위기를 여러 번 겪었다. 하지만 그때마다 재빠른 판단과 적절한 조치를 통해 위기를 극복하고 지금의 위치에 이르렀다.

2000년대 중반, 도요타는 자신들의 실력만 믿고 700만 대 수준이었던 연간 생산능력을 1,000만 대까지 끌어 올린다. 미국의 GM을 누르고 세계 1위 자동차 기업이 되려는 야심찬 계획이었다. 하지만 뜻하지 않게 문제가 터졌다. 전 세계 경제를 패닉으로 몰아넣은 서브프라임 모기지 사태였다. 이에 미국 경제가 휘청거렸고 도요타 역시 300만 대의 재고를 고스란히 떠안을 수밖에 없었다.

2009년에는 더 커다란 문제가 터진다. 도요타의 주력 상품인 렉서스가 문제를 일으켜 미국에서 일가족이 참사를 당했다. 처음에 자신들의 잘못이 아니라고 부인했지만 결국 자동차에 결함이 있었음이 밝혀졌고, 사상 초유의 리콜 사태가 벌어진다. 브랜드와 기업 이미지는 커다란 타격을 받았고, 전 세계적으로 1,000만 대 이상의 리콜이 이루어졌다. 아무리 굳건한 도요타라도 버티지 못할 상황이었다.

1년 간격으로 이렇게 대형 악재들이 터졌지만 도요타는 이를 무사히 이겨냈다. 첫 번째 경우 몇 년이 걸릴 거라 예상되었던 생산라인 정리를 1년 만에 마무리하면서 피해를 최소화했다. 더불어 더 이상 숫자에 집착하지 않고 초심으로 돌아가는 계기를 마련했다. 두 번

째의 경우 하드웨어는 물론 차량 내부의 소프트웨어 하나하나까지 꼼꼼히 살펴 문제점을 찾아내고, 앞으로는 위기가 발생하면 최고경영진을 중심으로 대응책을 세울 수 있도록 조직을 개편했다. 도요타는 이렇게 조속한 대처로 자신들의 명성을 되찾을 수 있었다.

위의 사례에서 알 수 있듯, 위기의 자초는 자만 혹은 방심에서 기인하는 경우가 적지 않다. 그래서 늘 초심을 잃지 않으려는 태도가 중요하며, 일이든 사람이든 하나의 대상을 대할 때는 거짓 없이 최선을 다해야 한다.

사회에 막 첫발을 내디디던 그때를 떠올려 보자. 성공을 위해, 가족을 위해, 회사를 위해 부푼 꿈을 안고 열정적으로 일하던 그 시절이 떠오르는가. 그렇다면 지금은 어떤가? 그때 세웠던 계획에 얼마만큼 다다랐으며 초심은 얼마나 지켜지고 있는지 다시 한번 돌아볼 때다.

● ● ● 자신과 세상을 보는 안목을 가져라

觀 : '관(觀)'은 관찰한다,
우러러 살펴본다 등의 의미를 나타낸다.

앞서 통찰력이 우리 삶에서, 일에서 얼마나 중요한지에 대해 이야기했었다. 이번에는 통찰력을 얻는 방법에 대해 논하고자 한다. 통찰은 영어로 insight이다. 풀어 해석하면 '안을 들여다보는 것'이다. 관(觀)은 본질을 들여다봄으로써, 사물과 세계의 이치를 깨닫고 이해하는 일을 말한다.

왕성히 활동 중인 사회인로서, 사회적 성공을 거두고자 한다면 세심한 관찰로 내부의 동태를 파악하고 유연한 태도로 외부 환경 변화에 적응할 수 있어야 한다. 또한 일과 사람을 진실하게 바라볼 수 있어야 하며, 다른 사람들이 쉽게 발견하지 못하는 세세한 문제, 표

면에 가려져 잘 들여다볼 수 없는 이면까지도 정확하게 파악할 수 있어야 한다. 그 핵심에 통찰이 있다. 그리고 통찰은 보통 네 가지의 방식으로 진행된다.

첫째, 사물이나 사람, 상황을 평가하기 위해 자신이 직접 보고 경험하며 관찰할 수 있다. 가장 기본적이고도 쉬운 방식이다. 하지만 그냥 보고 확인하는 것만으로 그쳐서는 안 된다. 자신이 들여다본 대상의 이면이 어떻게 나의 삶에 작용하는지에 대한 고민도 병행해야 한다.

둘째, 자신이 직접 나서지 않고 다른 사람이 조사하고 관찰한 사항을 분석 및 연구하여 결론을 얻을 수도 있다. 이때는 조사 주체가 얼마나 공신력을 가지고 있는지 잘 따져봐야 된다. 또한 권위가 있다고 해서 매번 정확한 결론을 도출하지는 않는다는 점에 유의해야 한다.

셋째, 두 가지 이상의 대상을 비교해서 관찰할 수 있다. 하나의 대상을 관찰하여 그 안에서 결론을 이끌어 내기 힘겹다면 대상을 하나 더 두어 면밀히 비교함으로써, 더 나은 삶의 태도나 업무 스킬을 선택할 수 있다. 물론 그 방식이 자신에게 잘 맞는지는 반드시 고려해야 한다.

넷째, 긴 시간을 두고 관찰해야 할 때도 있다. 특히 사업 등 비교적 오랜 시간에 걸쳐 진행이 되는 경우에는 짧은 관찰만으로는 결론을 내기 힘들다. 따라서 이런 경우에는 시간을 많이 투자해서 체계적으로 살펴야 결론을 얻을 수 있다. 당장 결론을 내고자 조급해하지 말고, 꾸준히 지켜볼 수 있는 인내심이 동반되어야 한다.

그리고 통찰에 앞서 우리가 반드시 해야 될 일이 있다. 나 자신을 먼저 통찰하려는 노력이다. 내가 어떤 존재이고, 타인에게 어떠한 눈으로 비춰지는지 알지도 못한 채 다른 대상의 본질을 들여다보려는 노력은 무의미하다. 나에 대해서 완전히 파악한 후에, 비로소 세상을 제대로 바라볼 수 있는 능력이 생긴다.

위대한 철학자 소크라테스는 "자성(自省)하지 않는 생명은 존재할 가치가 없다."라고 말했다. 자신의 내면을 들여다보는 일은 결국 지난날에 대한 반성에서 시작된다. 과거에 어떠한 과정을 거쳐 지금에 이르렀는지 알아야 현재의 나를 파악할 수 있기 때문이다. 철저한 자기반성이 곧 통찰의 시작임을 깨달아야 한다.

••• 시종일관 겸손해야 발전할 수 있다

謙 : '겸(謙)'은 겸허하다,
겸손하다 등의 의미를 나타낸다.

증국번(曾國藩)은 "군자의 훌륭함은 자만하지 않는 마음에서 비롯된 것이다."라고 말했다. 그런데 이 말이 무색하게 조금이라도 유리한 위치에 서게 되면 사람은 쉬이 자만한다. 큰 성취를 이루었거나 많은 사람들을 이끄는 지도자라면 더욱 그렇다. 소위 성공했다는 사람들 중 자신의 능력을 과신하고 자신 외에는 그 무엇도 중요하지 않다고 생각하는 이들을 흔히 볼 수 있다.

대단한 성과를 이루었고 높은 직위에 있을수록 겸손할 줄 알아야 한다. 겸(謙)은 성공을 원하는 사람이 반드시 갖춰야 할 미덕인 '겸손한 자세'를 말한다. 시종일관 겸손함을 유지하면 어떤 일이든 성취할 수 있으며, 이후에도 오래 그 지위를 유지할 수 있음을 강조하고 있다.

초나라의 항우는 의군 수령으로 수많은 전쟁에 참여해 거듭 승리를 거뒀으나 교만하고 다른 사람을 낮잡아 보는 태도로 결국은 유방에게 패배하여 비참한 결말을 맞게 되었다. 매일매일 전쟁을 치르듯 살아가는 현대사회에서는 곳곳에서 항우와 같은 사람들을 볼 수 있다. 이런 사람들은 공통적으로 타인의 성취를 잘 인정하지 않는다. 하지만 생각해 보자. 나의 성취가 누군가에게 인정을 못 받는데 나 역시 상대의 성취를 인정할 수 있겠는가. 스스로를 낮추고 상대를 높이는 태도는 결국 존경과 신뢰를 불러오고 이는 곧 성공의 밑거름이 된다.

어떤 사람들은 그렇게까지 자존심을 구겨야 하느냐고 묻는다. 자존감을 세우는 일은 중요하다. 문제는 자존심과 자만심을 혼동하기 때문에 발생한다. 자존심이 올바로 선 사람은 굳이 자신의 성취를 밖으로 내보이지 않아도 늘 당당하기에 주변에서 먼저 알아보고 인정을 해 준다. 자만심만 있는 사람은 자신의 업적을 떠벌이기 위해 안달이 난 상태여서 능력이 있더라도 주변에서 눈총을 받기 마련이다. 칭송받을 만한 능력이 있고 놀라운 성과를 냈음에도 스스로 알리지 않는 것. 이것이 바로 겸손이며, 동시에 자존을 세우는 일이다.

그뿐만 아니라 겸손한 자세는 끊임없는 성장의 토대가 된다. 자만하게 되면 과거의 영광에만 매달려 더 이상의 발전은 필요 없다고 생각하게 된다. 하지만 어느 정도 커다란 성취를 이룬 후에도 겸손한 자세를 유지한다면, 여전히 배울 것이 많다고 생각해서 계속 새로운 성과를 추구하게 된다.

자목(自牧)이란 스스로를 다스리라는 뜻인데 반성, 절제, 통제, 변화 등을 모두 내포한다. 진정으로 겸허함을 갖춘 사람은 부단히 자기 자신을 수양하고 통제하기 때문에 시간이 지나도 겸허한 태도가 절대 변하지 않는다. 그렇게 한결같이 겸손한 자세로 자기 자신을 성장시키고, 사람들을 감화시키며, 성공에 다다르는 것이다.

● ● ● 문제 해결은 과오를 인정하는 것부터다

復

復 : '복(復)'은 돌아오다, 회복하다, 되풀이하다 등의 의미를 나타낸다.

사람은 누구나 실수를 할 수 있고 잘못을 저지를 수 있다. 그러나 한 번 실수하고 잘못을 저질렀다고 해서 영원히 그 상태에 머무르면 안 된다. 즉시 위축된 마음을 가다듬고 냉철하게 문제를 바로잡아야 한다. 이런 경험은 자신을 단련하고 성장하는 계기가 될 수 있다.

공자도 "한 번의 잘못과 별개로 착오가 있으면서도 고치지 않는 것이 진짜 착오이다."라고 말하였다. 성인도 실수로 잘못을 저지를 수 있기에 이는 일반인들과 다를 바 없지만, 잘못을 제때 인정하고 고칠 수 있다는 점에서 그 위대함을 발견할 수 있다.

복(復)은 생기를 회복해서 새롭게 일을 시작할 수 있는 상태를 뜻한다. 돌아온다는 것은 제때 과오를 고치고 수양하여 다시 역량을 회복하고 일을 시작했음을 말한다. 하지만 쉬운 일은 아니다. 자신의 잘못을 인정하기까지가 어렵기 때문이다. 심지어 자신을 변호하고 겉과 속이 다르게 행동하며 잘못을 그냥 묻어 두려 하는 사람도 많다. 그러면 상황은 더욱 악화될 수밖에 없다.

하나의 잘못이 발생했을 때 어떻게 대처해야 진정으로 용기 있는 행동이라고 할 수 있을까? 권위와 지위를 내세우며 큰소리로 무마하는 사람과, 자기 잘못이 아니라고 발뺌하며 상황을 살피는 사람과, 즉시 잘못을 인정하고 책임감 있는 태도를 보이는 사람 중 누가 용기 있는 사람일까? 지금처럼 자신의 존재에 대해 민감하게 반응하는 시기에는 과오를 인정하는 것 또한 무척 용기 있는 행동이다.

잘못을 인정하라고 해서 스스로 비굴해지라는 이야기가 아니다. 지금의 잘못을 충분히 수습할 수 있으며 다음에는 이런 일이 발생하지 않을 것임을 상대방에게 약속하라는 말이다. 이를 위해 잘못을 인정하기 전에 자신이 처한 상황을 잘 파악해야 한다. 그래야만 자신이 해낼 수 있는 능력 안에서 어떻게 조치를 취할 것인지를 명확히 설명할 수 있다.

데일 카네기 역시 중요한 처세 중 하나로 '상대방이 말하기 전에 먼저 잘못을 인정'해야 한다고 말했다. 하나의 문제가 생겼을 때 원인을 유발한 사람이 명확하다면 이를 지켜보는 사람들은 우선 그 당사자가 먼저 말해주기를 기다린다. 함께 얼굴을 마주보며 지내는 사이인데 자신이 언급했다가 상처가 되지 않을까 걱정이 앞서기 때문이다. 하지만 이런 점을 악용하여 잘못을 묻어 두기만 했다가는, 배려는 의심의 눈초리로 변하고 실망으로 이어진다. 그래서 상대의 잘못에 대해 이야기할 때는 자신도 모르게 상처를 주는 경우가 다반사다.

하지만 먼저 싹싹하게 잘못을 인정하고 용서를 구한다면 이를 나쁜 눈초리로 바라보는 사람은 거의 없다. 오히려 그러한 면에서 믿음을 갖게 되고 그가 회복을 위해 노력할 때 도움을 주고자 하는 마음이 생기기 마련이다.

누구나 잘못을 한다. 하지만 잘 대처하여 무사히 위기를 넘기면 주변에서 인정을 받을 수 있고, 스스로 한 단계 성장할 수 있다. 숲 속에 있는 아름드리나무들도 처음에는 연약한 줄기와 가지들로 생명을 시작했다. 하지만 수많은 겨울과 풍파를 견디며 조금씩 지금의 모습을 갖춰 나간다. 잘못이 생기면 오히려 기회로 생각하고 최선을 다해 회복하려는 자세가 삶을 성공으로 이끌 것이다.

乾
賁
渙
大畜
井

4장

품격과 혜안이 최고를 만든다

● ● ● 훌륭한 리더는 자격이 필요하다

乾

乾 : '건(乾)'은 하늘, 군주, 남자, 남편 등의 의미를 나타낸다.

리더가 되기는 쉽지만 많은 이들의 존경을 받기는 쉽지 않다. 리더로서 많은 사람들의 존경을 이끌어 내려면 그에 맞는 자질과 자격을 갖추어야 한다. 건(乾)은 바로 그런 리더, 하늘을 우러러 바라보듯이 존경할 수 있는 훌륭한 리더를 뜻한다. 그렇다면 훌륭한 리더가 되기 위해서는 어떤 자질과 자격이 필요할까?

첫째, 리더는 진실해야 한다. 진실한 태도는 리더가 반드시 가져야 하는 미덕이며 일을 처리하는 데 있어서도 기본적으로 견지해야 하는 원칙이다. 리더가 속내를 드러내지 않고 이중적인 태도로 사람들을 대한다거나 거짓말을 일삼는다면 그런 리더를 어찌 신뢰할 수 있겠는가. 신뢰할 수 없는 리더를 따르는 조직은 없다. 그렇기 때문에 리더는 반드시 진실해야 한다. 진실하게 자신을 드러내 보이고 거리낌 없이 아랫사람과 소통해야 한다. 또한 말과 행동을 일치시켜야 아랫사람의 신뢰를 이끌어낼 수 있다. 이처럼 인격적으로 본받을 만한 리더에게 사람들은 마음을 쉽게 열게 된다.

둘째, 리더는 열정이 있어야 한다. 열정이 없는 리더가 아랫사람들에게 열정을 강요할 수는 없다. 기업의 리더가 열정이 없는데 직원들이 회사와 상품에 대해 열정을 가질 리도 없다. 그렇기에 기업가는 반드시 자신의 사업, 상품, 서비스에 대해 열의와 열정을 가져야 한다. 즉 사업을 성공시키겠다는 의지와 강한 애정이 기본이 되어야 한다. 이런 열정은 전염성이 강하기 때문에 어떤 지시나 명령보다도 더 강력하게 아랫사람들에게 전달이 된다. 그래서 열정적인 리더가 이끄는 조직은 능동적이며 에너지가 넘치게 되는 것이다.

셋째, 리더는 목표가 있어야 한다. 리더는 뚜렷하고 구체적인 포부를 가져야 한다. 리더가 도달하고자 하는 목표가 없다면 조직은 방향을 잃고 헤매게 된다. 구체적인 목표와 계획이 없는 리더는 미래를 생각하지 않는 것과도 같다. 즉 하루하루를 넘기는 데 급급하게 된다. 그런 리더의 밑에서는 구성원들 역시 비전을 갖지 못한다. 그런 조직 안에서 누가 성실하게 노력하고 꿈을 키우겠는가.

넷째, 리더는 패기가 있어야 한다. 리더는 판단을 내려야 하는 상황에서 망설이거나 주저함 없이 과감한 결단력과 용기를 가져야 한다. 기업을 운영하다 보면 외부 압력에 기업이 휘청거릴 때도 있을 것이며, 실수나 실패로 인해 기업이 위기에 빠져 한 치 앞도 보이지 않는 순간도 닥칠 수 있다. 이럴 때 리더의 패기가 빛을 발한다. 만약 약간의 위험이나 위기 상황에도 리더가 겁을 먹고 움츠러든다거나 상황을 외면하고 도망가려 한다면 기업의 운명이 어떻게 될지는 불을 보듯 뻔하다. 그렇기 때문에 리더는 대담한 패기를 갖추어야 한다. 많은 사람들을 대신해서 위험을 무릅쓰고 앞으로 나아갈 수 있는 용기가 있어야 하며 그래야 많은 사람들이 믿고 따를 수 있다.

●●●● 공익을 위한 사회적 책임도 중요하다

益 : '익(益)'은 이익, 이롭다,
늘어나다 등의 의미를 나타낸다.

기업은 영리 추구를 목적으로 하는 조직이다. 그렇기 때문에 기업가는 이윤을 남겨야 한다. 상품이나 서비스를 생산하고 판매해서 얻어내는 이익이 바로 익(益)이다. 그러나 이익을 냈다고 해서 기업과 기업가의 역할이 끝나는 것은 아니다. 현대 사회에서는 그 이익을 어떻게 사용하느냐에 따라 기업가에 대한 평가가 좌우되기도 한다.

현대 기업을 운영하는 리더들에게 중요한 것 중 하나는 '기업의 사회적 책임(Corporate Social Responsibility)'이다. 이는 기업이 사회 활동을 통해 이익을 얻었다면 보답하는 차원에서 사회에 긍정적인 영향을 미칠 수 있도록 책임 있는 활동도 해야 한다는 것이다. 기업의 규모가 커지고 사회적 위상이 높아지면서 기업의 영향력이 경제뿐만 아니라 정치, 문화 등 사회 전반으로 확대되고 있기 때문이다.

기업이 사회적 책임을 다하는 방법에는 여러 가지가 있을 수 있다. 노동자나 소비자의 권익을 보호할 수도 있으며 여성이나 노인, 장애인 등 사회 약자에게 도움이 되는 봉사 활동을 기업 차원에서 할 수도 있다. 최근에는 전 세계적으로 심각해지는 환경 문제에 관심을 갖고 환경오염을 줄이려는 기업의 노력들도 행해지고 있는데, 이 역시 기업이 사회적 책임을 다하는 사례라고 볼 수 있다. 사회 상층부의 이익을 덜어내서 사회 하층부의 이익을 증가시켜준다는 의미의 '손상익하(損上益下)'의 사상이 바로 오늘날 기업의 사회적 책임을 말하는 것이다.

그러나 사회적 책임에 앞장서는 기업이 많아졌다고는 하지만 이익에만 매달리며 기업 본연의 임무에만 충실한 기업들도 여전히 많다. 또한 우리 회사는 아직 규모가 작고 직원들의 월급을 주기에도 빠듯하니 공익을 위한 사회 활동은 우리 몫이 아니라고 생각하는 경영자도 분명 있을 것이다. 그러나 이는 잘못된 생각이다. 개인의 경우도 마찬가지지만 사회적 책임은 회사의 규모가 크고 돈을 많이 벌기 때문에 하는 것이 아니다. 개인이 적은 돈 혹은 노력만으로도 충분히 사회에 봉사할 수 있는 것처럼 기업도 마찬가지다. 중소기업이라고 해서 사회적 책임을 다하지 않아도 된다고 생각하는 것은 무지하고 무관심한 것이다.

그렇다면 돈을 많이 벌게 되고 기업의 규모가 커지면 누구나 사회적 책임을 다하는 것일까? 그렇지도 않다. 대기업이라고 해도 회사를 대표하는 기업가가 사회적 책임보다는 자신의 욕심을 채우는 데 더 관심을 둘 수도 있다. 즉 사회적 책임을 다하는 기업이 되기 위해서 가장 중요한 것은 '기업가의 마인드'다.

나 혼자 힘으로 기업을 일으키고 이윤을 냈다고 생각한다면 나의 이익을 혼자 독점하고자 하는 욕심이 먼저 생길 것이다. 그렇기 때문에 기업의 성공이 수많은 사람들의 도움으로 이루어진 것임을 인정하는 것이 중요하다. 당장 눈에 보이지 않더라도 수많은 사람들의 도움과 사회적 기반 위에 성공했으니 그 이윤을 많은 사람들에게 되돌려주겠다는 마인드, 그것이 사회적 책임의 출발점이 된다.

세계적인 성공을 거두었고 막대한 이익을 아낌없이 기부하며 사회적 책임을 다한 대표적 기업가로는 워렌 버핏과 빌 게이츠가 있다. 워렌 버핏은 자신이 평생을 번 돈의 99%를 자선 재단에 기부하면서 기업인으로서 모범을 보여줬다. 빌 게이츠는 최근 빈곤 퇴치와 기후 변화 등 인류를 위험에 빠뜨리는 다양한 문제들의 해결에 도움이 되고자 후원 재단을 만들고 기부를 아끼지 않는다.

기업의 리더라면 사회적 책임을 다하는 것이 이익을 낭비하고 기업에 손해가 되는 일이 아님을 알아야 한다. 사회적 책임을 다하는 기업의 리더는 기업 내부 직원들은 물론이고 사회적으로도 수많은 사람들의 지지와 신뢰를 받을 수 있으며, 이는 기업의 긍정적인 발전에 영향을 줄 수 있다. 결국 이익을 나눔으로써 더 큰 발전을 이룰 수 있게 된다.

••• 카리스마의 힘을 올바로 써야 한다

噬嗑

噬嗑 : '서합(噬嗑)'은 64괘의 하나로 번개와 우레를 뜻한다.

서합(噬嗑)은 번개와 우레처럼 강력한 파워를 지닌 카리스마를 뜻하는 것이다. 카리스마는 하나의 성향을 나타내는 것으로 리더의 다양한 유형 중 하나이지만 유독 리더들 중에는 카리스마형 리더가 많다. 리더가 카리스마를 어떻게 활용하느냐에 따라 좋은 방향으로 조직이 발전할 수도 있고 때로는 조직이 경직되거나 붕괴될 수도 있다.

'카리스마(charisma)'라는 말은 원래 신의 은총, 선물이라는 뜻을 가지고 있다. 1947년 독일의 사회학자 막스 베버가 3가지 지배 유형의 개념을 도입했는데 그중 하나가 바로 '카리스마 리더'이다. 먼저 막스 베버의 지배 유형을 살펴보자.

첫째, 전통적 지배 유형은 개인의 능력보다는 가문, 신분, 직위와 같이 이어받은 전통에 대한 믿음이 지배의 근거가 되는 유형이다.

둘째, 법적, 합리적 지배 유형은 법과 제도적인 절차에 따라 정당하게 권한을 위임받은 사람들의 판단과 지배를 따르는 것이다.

셋째, 카리스마 지배 유형의 경우 기존의 권한에 대해 변혁을 주도할 수 있는 유일한 힘이라고 할 수 있다.

막스 베버는 카리스마 리더의 특징이 위기 상황에서 대중의 복종을 이끌어 효과적으로 문제를 해결하거나 혁명을 수행하는 것에 있다고 설명했다. 체 게바라처럼 많은 사람들이 바라는 변화를 앞장서 추구할 수 있는 것이 바로 카리스마 리더이며, 그런 리더들은 사람을 매료시키며 열광적 지지를 받는다. 체 게바라가 전 세계적으로 인기를 얻고 신화적 인물로 오늘날까지 사랑 받는 것처럼 말이다.

삼국지의 조조(曹操) 역시 냉혹하지만 카리스마 넘치는 리더로 잘 알려져 있다. 인재를 잘 활용하기로 유명했던 조조는 유능한 인재를 발굴하고 충성스러운 인재로 만들고자 노력했다. 자신의 하고자 하는 목표에 방해가 되는 장애물은 과감하게 제거하는 결단력과 강력한 카리스마를 갖고 있었고 그런 그를 믿고 따르는 사람들도 많았다. 조조에 대해서는 다양한 평가가 있지만 난세의 영웅으로서 카리스마를 지니고 있었던 것은 분명하다.

카리스마는 이처럼 비교적 강력한 리더십의 유형으로 분류가 된다. 그렇기 때문에 외부의 압력에 맞서서 강건하게 조직을 지켜주는 리더가 될 수도 있지만 반대로 강력한 힘을 악용해서 조직을 와해시키거나 많은 사람들에게 악영향을 주기도 한다. 그리고 나쁜 유형의 카리스마 리더들은 다른 사람에게만 해를 끼치는 것이 아니라 자기 자신까지도 망치게 된다.

힘과 권력을 막강하게 휘둘렀던 위협적인 카리스마 리더들의 실패 경험은 역사에서도 흔히 찾아볼 수 있다. 대표적인 인물이 바로 히틀러이다. 그는 공격적으로 군대를 이끌었으며 자신의 의견에 반대하는 것을 용납하지 않았으며 훌륭한 인재라도 충성하고 복종하지 않으면 내쳤다. 카리스마 있는 리더들 중에는 화려한 언변으로 사람들을 사로잡는 경우가 많은데 히틀러 역시 다수의 연설에서 뛰어난 언변을 자랑하며 자신의 이념을 선전했다. 하지만 자신의 방식을 독단적으로 밀고 나갔으며 카리스마를 잘못 사용하며 수많은 사람을 죽음에 이르게 한 사악한 리더의 전형이었다.

조직을 이끌어나가기 위해 리더에게 분명 힘이 필요하다. 그러나 그 힘을 올바로 사용하지 않는다면 오히려 리더로서의 권위는 사라지게 되고 조직은 몰락의 길을 걷게 된다는 사실을 알아야 한다.

● ● ● 점진적으로 조직을 성장시켜야 한다

漸 : '점(漸)'은 점차,
점점 등의 의미를 나타낸다.

기업을 경영하면 매출에서 자유로울 수가 없다. 한두 명의 직원을 두고 운영하는 음식점이라고 해도 마찬가지다. 매달 점포의 월세며 전기 요금 등 가게 유지비가 있어야 하며, 직원들의 월급도 줘야 하고 식재료에 들어가는 비용도 마련해야 한다. 그러다 보니 늘 어떻게 하면 매출을 늘릴 수 있을까 고민하게 되고 이에 과도하게 집착하면 욕심을 부리고 무리하게 사업을 진행할 수 있다. 점(漸)은 이런 성급함을 경계하라는 의미이며, 무엇이든 점진적으로 순리대로 발전시키는 것이 현명하다는 뜻을 담고 있다.

욕심이 없는 사람은 없지만 리더로서 막중한 책임이 필요한 자리에 있다면 자신의 능력과 기업의 역량 범위를 넘어서는 욕심은 부리지 않아야 한다. 뱁새가 황새를 쫓아가다가 가랑이가 찢어진다는 말도 있지 않은가. 당장 성과가 없다고 해서 직원들에게 야근을 강요하거나 부족한 매출을 직원이 채워 넣도록 부당한 지시를 한다거나 직접적으로 성과를 낼 수 있는 업무가 아니라고 해서 함부로 해고하는 등 이익에만 집착해서 조직을 궁지로 내몰면 더 큰 문제가 생기게 된다.

『맹자(孟子)』에는 급하게 서두르다가 오히려 일을 망친다는 '발묘조장(拔苗助長)'이라는 말이 나온다. 중국의 송나라에 한 농부가 있었는데 모내기를 한 후 벼가 어느 정도 자랐는지 궁금해 논에 가서 보니 자신의 벼보다 다른 사람의 벼가 더 자란 듯했다. 욕심이 난 농부는 어떻게 하면 자신의 벼가 더 자랄 수 있을까 고민하다가 벼의 순을 잡고 조금 빼서 더 자란 것처럼 보이게 만들었다. 그렇게 하루 종일 논에 있는 벼의 순을 빼 놓느라 고생한 농부는 집에 돌아가서 식구들에게 자신의 고생담을 늘어놓으며 힘들었다고 투덜댔다.

식구들은 깜짝 놀랐고 이튿날 논에 가서 보니 이미 벼가 하얗게 말라 죽어있는 것이다. 모든 벼가 같은 속도로 자랄 리도 없을뿐더러 당장 느리다고 해서 벼가 자라지 않는 것이 아니다. 그럼에도 농부는 벼가 빨리 자라는 것에만 관심을 두어 어리석게도 벼농사를 망친 것이다. 이처럼 서두르다가 중요한 것을 놓치고 일을 망치게 되는 것이 바로 '발묘조장'이다.

공자도 어떤 일이든 너무 빨리 하지 말라고 했다. 빠른 것만 추구하다 보면 목표에 도달할 수 없게 되며 눈앞의 적은 이익만 탐내다 보면 큰일을 성사시킬 수 없으니 무엇이든 순서대로 점진적으로 행해야 한다고 했다.

기업을 경영할 때 리더가 성급해지지 않으려면 목표에 따른 계획을 구체적으로 세분화하는 것이 좋다. 많은 기업가들이 연간 계획이나 월간 계획을 구체적으로 마련하는 데 그치지 않고 매일 할 일조차도 우선순위에 따라 세밀하게 계획하는 것은 성급한 결정으로 일을 망치지 않기 위해서이다.

사업을 할 때도 점진적으로 해야 하지만 사람을 관리함에 있어서도 마찬가지다. 특히 일을 맡길 때 성급하게 많은 것을 요구하거나 순서를 정하지 않고 한꺼번에 업무를 넘긴다면 혼란에 빠지기 쉽다. 또한 개개인의 역량도 고려해야 한다. 아직 업무가 낯설고 역량이 부족한 신입 사원이나 인턴에게 무턱대고 어려운 일을 맡긴다면 감당하기 어려워 재능을 발휘하기도 전에 나가떨어질 수도 있다. 무릇 리더라면 자신과 아랫사람의 역량을 정확하고 객관적으로 파악해서 모두가 점진적으로 성장하고 성과를 낼 수 있도록 해야 한다.

••• 인재를 알아보는 안목을 가져야 한다

鼎

鼎 : '정(鼎)'은 크다,
한창 융성하다 등의 의미를 나타낸다.

정(鼎)은 기업이 융성해지려면 좋은 인재가 필요하다는 것이다. 인재는 기업의 성장 원천이다. 열 사람의 범인(凡人)보다는 한 사람의 뛰어난 인재가 기업에는 도움이 될 수 있다. 그렇기 때문에 기업가라면 뛰어난 인재를 알아볼 수 있는 안목을 반드시 갖춰야 한다.

전국시대 진나라에는 손양(孫陽)이라는 말 감별사가 있었다. 당시 말은 중요한 교통수단이었기에 말 한 마리를 구입할 때도 꼼꼼하게 말을 감별하는 것이 일반적이었다. 손양은 천마(天馬)를 다스리는 별의 이름을 따서 '백락(伯樂)'이라는 별명으로 불리기도 했다. 백락에 관해서는 여러 가지 이야기가 전해진다.

어느 날 늙은 말이 소금 수레를 끌고 산을 오르는데 아무리 용을 써도 앞으로 나아가지 못했다. 그때 지나가던 한 남자가 다가와 말을 어루만지며 통곡을 하고 옷을 벗어 걸쳐 주었다. 그러자 늙은 말이 하늘을 찌를 듯이 슬프게 울부짖었다고 한다. 원래 이 말은 천리마인데 알아주는 이가 없어 평생 소금 수레만 끌다 늙게 된 것이다. 형편없는 몰골의 이 말이 천리마임을 알아보는 이는 아무도 없었는데 백락은 이를 알아보고 슬퍼한 것이다.

또한 하루는 말 장수가 백락을 찾아와 말 한 필을 시장에 내놓았는데 아무도 사지 않는다고 감정해 달라고 했다. 백락이 말없이 감탄을 하며 말을 요모조모 살폈는데, 그동안 이 말에 관심을 두지 않았던 사람들은 백락의 눈길 한 번에 이 말이 준마(駿馬)라고 여겨 서로 사려고 다투어 말 장수는 높은 가격에 말을 팔 수 있었다. 여기서 나온 말이 바로 '백락일고(伯樂一顧)'인데, 훌륭한 말도 백락을 만나야 그 진가가 알려진다는 뜻이다.

인재를 발굴하는 것은 결코 쉬운 일이 아니다. 하지만 어디에나 어느 시기에나 재능을 가진 인재는 반드시 존재하기 마련이다. 그러니 기업가들은 인재가 없다고 한탄할 것이 아니라 그런 좋은 인재를 알아보는 안목을 먼저 갖추어야 한다. 특히 겉보기에 볼품이 없더라도 천리마임을 단번에 알아낸 백락과 같은 눈을 가져야 한다.

잘못된 안목을 가진 리더는 중요한 것을 놓치고 엉뚱한 사람을 뽑기도 한다. 자신의 취향이나 성향에 부합하는 인재를 발굴하는 데만 골몰하는 사람이 있는가 하면 그저 서류에 의존해서 실제 능력은 검증하지 않고 인재를 뽑기도 한다. 이처럼 인재를 잘못 발굴할 경우에는 오랜 기간 기업에 상당히 부정적인 영향을 미칠 수 있으므로 신중해야 한다.

예를 들어 관리자를 선발할 때는 사소한 부분까지도 관여하고 관리할 수 있는 꼼꼼한 성향의 인재를 발굴하는 것이 좋고, 세무나 회계처럼 기업의 자금을 다루는 일을 하는 인재는 공정하고 도덕성이 높은 사람을 채용하는 것이 좋다. 연구개발과 같은 업무는 고도의 집중력과 끈기를 가진 인재를 눈여겨봐야 하고 영업 분야의 인재는 사교적이며 포용력 있는 성향의 인재를 선발하는 것을 최우선으로 삼아야 한다.

인재를 발굴하는 것은 기업의 미래를 위한 투자라고도 볼 수 있기 때문에 결코 가볍게 여겨서는 안 된다. 이런 능력은 하루아침에 길러지는 것이 아니기 때문에 부단히 노력해야 한다. 수많은 인재를 만나봐야 하고 모든 자료를 종합적으로 분석하여 객관적이고 과학적으로 사람을 파악할 수 있어야 한다.

••• 동료의식을 가져야 한다

同人 : '동인(同人)'은 같은 사람, 함께 일하는 사람 등의 의미를 나타낸다.

직장 내에서 모든 사람들은 공평한 기회와 대우를 받아야 한다. 차별이 만연하고 정당하게 능력을 발휘할 기회를 갖지 못한다면 누가 그런 직장에 남아 있겠는가. 어쩔 수 없이 직장에 남아 있는다 해도 최선을 다하지 않을 것이며 불만과 불평에 가득 차 언제든 회사에 위협적인 존재가 될 수도 있다.

같은 직장에서 일하는 사람들은 한 배를 탄 동지와도 같다. 즉 한 마음 한뜻을 가진 '동인(同人)'인 셈이다. 이처럼 동료의식을 갖고 일한다면 기업 분위기는 저절로 좋아진다. 어려운 일도 자연스럽게 협력하여 해결할 수 있을 것이며, 능력에 따라 공정하게 평가 받고 성장하면서 직원 개개인의 발전이 곧 기업의 성장으로 이어질 것이다.

그러나 같은 기업에서 일하고 있다고 해서 저절로 동료의식이 생기는 것은 아니다. 춘추시대의 뛰어난 정치가였던 관중(管仲)은 "누군가를 좋아한다고 해서 사사로운 정으로 상을 내려서는 안 되며, 누군가를 미워한다고 해서 사사로운 원한으로 벌을 내려서는 안 된다."라고 말했다.

기업 리더라면 자신의 사사로운 감정 때문에 조직 구성원들이 서로 미워하고 시기 질투하도록 조장해서는 안 된다. 이는 공을 치하하고 잘못에 대해 처벌하는 것 자체가 잘못되었다는 말이 아니다. 다만 정확한 기준 없이 그저 감정에 치우쳐서 행하지 말라는 뜻이다. 공을 세운 사람은 크게 격려하고 칭찬하는 것이 조직의 사기를 높이는 데 분명 도움이 되고 잘못을 행했을 때 적절한 처벌과 규제를 하는 것 역시 리더로서 조직을 사고 없이 이끌어가기 위해 반드시 필요한 일이다. 따라서 공정한 기준을 마련하고 공평하게 행하기 위해 노력해야 한다.

동료의식은 비슷한 직급이나 연령의 구성원들에게만 필요한 것은 아니다. 윗사람과 아랫사람 사이에도 반드시 필요하다. 직급을 막론하고 동료의식을 가지려면 수직 관계의 틀이 지나치게 엄격해서는 안 된다. 상하 관계가 너무 엄격할 경우 아랫사람들끼리는 동료의식을 갖고 일할 수 있을지 몰라도 윗사람과 같은 마음으로 일하기는 어렵다. 어쩔 수 없이 윗사람의 비위를 맞추게 되고 눈치를 보게 되므로 하고 싶은 말을 참아야 하는 순간도 있을 것이며 원하는 업무를 하기보다는 지시나 명령을 따르는 것이 우선이 되어 수동적인 태도를 갖게 될 수도 있다.

미국 애니메이션 제작사인 픽사에서는 '두뇌위원회(the Brain Trust)'라는 것이 열린다. 이는 고위급 관리만 참여하는 것이 아니라 직급에 관계없이 누구나 참여할 수 있다. 보다 좋은 영화를 만들기 위해 다양한 논의가 진행되는 이 회의는 강제로 열리지도 않고 언제든 요청에 의해 열리기 때문에 자율성과 창의력을 보장받게 되고 어떤 의견도 편하게 나눌 수 있다. 이는 픽사의 기업 철학과 기업가의 마인드가 어떤지 잘 보여주는 사례다. 모두가 하나의 목표를 향해 달려가는 '동료'라는 마인드가 기업 전반에 퍼져 있기 때문에 가능한 일이다.

••• 권한은 균형 있게 분산시켜야 한다

渙 : '환(渙)'은 흩어지다,
풀리다 등의 의미를 나타낸다.

환(渙)은 흩어지게 함으로써 조직을 결집시킨다는 의미가 담겨 있다. 표면적으로 분산시키는 것은 힘을 약하게 만드는 것처럼 보일 수도 있지만 실제로 적절하게 권한을 나누어 분산시키는 것은 오히려 힘이 한쪽으로만 쏠리는 것을 방지하며 조직을 균형 있게 결집시키는 원동력이 된다.

예로부터 정치에서도 늘 힘의 균형 있는 분배는 '태평성대(太平聖代)'를 만드는 근간이 되어 왔다. 왕이 모든 권력을 틀어쥐고 있으면 이를 유지하기 위해 조정에는 늘 피바람이 불었다. 절대 권력을 쥐고 있는 왕은 공포 정치를 하게 되며 이는 오늘날 북한의 사례만 봐도 쉽게 알 수 있다. 이처럼 권력이 오로지 한 사람에게만 집중되어 있을 때는 누구도 자신의 뜻을 쉽게 내놓을 수 없으며 말과 행동에 자유 대신 억압이 가해지면서 조직은 꽁꽁 얼어붙게 된다. 그런 조직이 강성해질 수는 없다.

기업이나 소규모의 단체에서도 권력을 놓고 다툼이 자주 벌어진다. 복잡한 이해관계에 얽혀서 권력 싸움을 하다가 감정이 틀어지고 깊은 골이 패이면서 결국 집단이 와해되는 일도 많다. 이를 방지하려면 리더가 권력을 자신의 이익을 확보하기 위한 수단으로 사용하지 말아야 한다. 권력을 이용하려고 들면 리더를 따르던 사람들 역시 이익에 쉽게 흔들리고 좌우되기 때문에 조직이 모래알처럼 흩어지게 된다.

훌륭한 리더라면 권력을 독점하겠다는 욕심을 버려야 한다. 리더는 권력을 휘두르는 자리가 아니라 조직의 무게를 떠받치는 자리임을 항상 잊지 말아야 한다. 그렇기 때문에 권력을 분산시킬 때도 공정함을 잃지 말아야 한다. 자신이 권력을 쥐고 있지 않더라도 자신의 마음에 드는 사람들에게만 권력을 몰아준다면 이것 역시 조직을 위험에 빠뜨리는 일이 될 수 있다.

창의적인 제품을 생산하는 것으로 유명한 3M은 CEO가 막강한 리더십을 갖기보다는 직원 개개인에게 권한을 잘 부여해서 개개인이 리더십을 발휘하도록 만들었다. 3M의 CEO였던 윌리엄 맥나이트는 직원들이 일하고 싶은 기업을 만들어야 직원들의 창의력이 최대한 발휘될 수 있다고 믿었다. 그래서 직원들의 일에 세세하게 간섭하고 관리하기보다는 직원들에게 많은 권한을 부여했고 직원들이 주인의식을 갖고 능력을 발휘하도록 만들었다. 그리고 그의 이런 리더십은 창의적인 제품들을 활발하게 생산하고 3M이 전성기를 누리는데 기반이 되었다.

조직을 운영하는 리더의 위치에 있다면 자신이 절대 권력을 추구하고 있지는 않은지 점검해보는 것이 좋다. 조직의 지속적인 발전을 도모한다면 권력과 권한을 어떻게 사용해야 하는지부터 심사숙고해야 할 것이다.

● ● ● 권력은 곧 책임이다

大壯

大壯 : '대장(大壯)'은
씩씩하고 왕성한 상태를 나타낸다.

강력한 권력은 사람을 고귀하게 만들 수도 있지만 타락시킬 수도 있다. 권력을 어떻게 쓰느냐에 달려 있다. 대장(大壯)은 권력의 왕성한 기운이 언제까지나 영원한 것이 아님을 시사하고 있다. 그 막강한 힘을 사사롭게 사용한다면 언제든 권력의 영예는 소멸될 수 있음을 알아야 한다.

중국에는 장사꾼으로 권력을 휘두른 유명한 여불위(呂不韋)에 대한 이야기가 있다. 여불위는 농사를 지으면 이익이 열 배이며 장사를 하면 이익이 백 배, 임금을 좌지우지하면 그 이익은 계산할 수도 없다는 아버지의 말을 듣고 그때부터 부와 권력을 모두 손에 쥐는 거상이 되기로 다짐한다.

여불위는 진나라에서 볼모로 잡혀 온 왕자 자초를 주목했고, 당시 아무도 자초를 거들떠보지 않았음에도 많은 돈을 들여 그를 키웠다. 여불위의 여러 공작으로 자초는 진나라 왕위에까지 오르게 된다. 이후에도 여불위는 자신의 애첩까지 바치면서 그의 마음을 사로잡았다. 자초는 왕이 된 후 자신을 위해 많은 것을 희생한 여불위를 은인처럼 여기며 그가 권력을 휘두르는 데 든든한 배경이 되어주었다. 여불위는 재물로 권력을 얻고 다시 그 권력을 마음대로 주무르면서 재물을 더 끌어 모았다. 그렇게 여불위는 자신의 입맛에 맞게 천하를 호령하며 무소불위의 권력을 가지고 남용했다. 그러나 권력을 마음대로 사용하던 여불위는 또 다른 권력의 힘에 무너지게 된다. 권력을 함부로 사용한 대가로 비참하게 죽음을 맞은 것이다.

높은 자리에 오르면 사람이 변한다는 이야기를 종종 한다. 권력을 쥐게 되면 많은 사람들이 자신의 사리사욕을 채우려 한다. 욕심이 없던 사람이라고 해도 권력을 갖게 된 후 그의 주위에는 그 권력에 기대어 득을 보려는 사람들이 몰려들게 된다. 그들의 강한 유혹을 뿌리치지 못하고 서서히 탐욕스러운 마음이 커지면서 권력을 남용하게 되는 것이다. 이처럼 권력을 나쁜 방향으로 사용하는 지도자들은 권력을 어떻게 사용할지에 대해 고민하기보다는 권력으로 무엇을 얻을 수 있을지에 대해서만 관심을 갖게 되는 것이다.

정치인이 권력을 갖게 되었을 때는 백성을 위해 그 권력을 사용해야 한다. 기업인이 리더로서 힘을 갖게 되었을 때는 기업의 번성과 안정을 위해 권력을 사용해야 한다. 권력이 백성을 찌르고 기업을 위험에 빠뜨리는 데 쓰여서는 안 된다.

19세기 영국의 철학자인 액턴 경은 "권력은 부패하기 쉽고, 절대 권력은 절대적으로 부패한다."라는 말을 남겼다. 권력을 가진 자는 언제든 자신이 부패할 수 있다는 사실을 잊지 말고 경계하라는 것이다. 물론 사람인지라 사심을 완전히 거두기는 결코 쉽지가 않다. 그러나 자신에게 권력과 권한이 주어졌다면 주위에 힘을 남용하지 않도록 제어해줄 수 있는 현명한 사람들을 가까이 두는 것이 하나의 방법이 될 수 있다. 또한 권력은 일시적인 것이며 언제든 사라질 수 있다는 사실을 명심하고 자신의 자리에 걸맞은 책임을 다하기 위해 노력해야 할 것이다.

••• 지속적인 자기 관리를 해야 한다

臨

臨 : '림(臨)'은 임하다, 내려다보다, 비추다 등의 의미를 나타낸다.

리더는 많은 사람들의 모범이 되어야 한다. 정직하지 않은 리더가 사람들에게 정직함을 요구한다면 이는 어불성설인 것이다. 매일 늦게 출근하는 경영자가 직원들에게만 일찍 출근할 것을 강요하는 것도 도리에 맞지 않다. 자신은 호의호식하면서 월급을 제때 주지 않는 경영자나 아랫사람들에게 엄격한 규율을 적용하면서 자신의 잘못에는 어떤 비판과 비난도 받아들이지 않는 리더도 존경 받기는 힘들다.

림(臨)은 권한을 가지고 사람들을 통솔하려면 자기 자신부터 바로 서야 한다는 뜻이다. 자신의 허물은 덮어두고 아랫사람을 다스리기는 힘들기 때문이다. 물론 리더라고 해도 매사 완벽할 수는 없다. 때로는 실수할 수도 있으며 약점이나 단점을 많이 가진 리더도 있다. 중요한 것은 얼마나 완벽한가가 아니라 얼마나 자기 관리를 잘 하느냐이다.

리더라면 자신을 엄하게 단속하라는 '엄우률기(严于律己)'의 자세를 잊지 말아야 한다. 공자도 자신을 엄하게 단속하면 실수나 잘못을 적게 저지를 수 있다고 말했다.

사람이 높은 자리에 오르고 권한을 부여받게 되면 한순간 나태해질 수도 있으며 교만해지거나 자기 관리를 게을리할 수도 있다. 따라서 높은 자리에 오를수록 자신에게 더 엄격해져야 한다. 특히 기업 최고 경영자의 경우 자신의 윗사람이 없고 아랫사람만 있기 때문에 지시나 명령, 충고를 하는 데만 익숙하지 더 이상 누군가에게 질책을 받거나 비판을 들을 일이 없다. 그래서 자기 자신을 돌아보는 데 더 소홀해질 수 있기 때문에 스스로 점검하고 성찰하는 노력이 반드시 필요하다.

리더의 자기 관리는 업무적인 면에서도 필요하다. 성공한 리더의 경우에는 타성에 젖어 있는 경우가 많다. 더욱이 자신의 방식대로 일을 해서 성공을 맛보았기 때문에 그 방식을 계속 고수하게 되며 자기 관리에 더 이상 시간과 노력을 들이지 않게 된다. 필요 없다고 생각하기 때문이다.

하지만 기업을 둘러싼 환경은 끊임없이 변한다. 오늘 성공한 아이템이 내일은 실패하는 아이템이 될 수도 있으며 조직이 성장하고 분위기가 바뀌면 기존의 조직 관리 방식으로는 조직을 효율적으로 운영할 수 없게 될 수도 있다. 그렇기 때문에 기업 경영에서도 지속적으로 자기 관리를 해야 한다.

기업을 책임지는 경영자가 직원들보다 회사 사정에 더 어둡다면 말이 되겠는가. 따라서 정보를 업데이트 하듯이 상품이나 서비스, 직원, 사업의 변화에 대해 끊임없이 공부해야 한다. 기업의 외부 환경 변화에 대해서도 가장 민감하게 대처할 수 있어야 기업을 안정적으로 이끌 수 있다. 기업 리더가 자신을 수시로 돌아보며 엄격하게 자신을 관리한다면 구성원들 역시 이를 본받고 따르지 않겠는가.

••• 기업 정체성도 경쟁력이 된다

賁 : '비(賁)'는 꾸미다,
겉치레하다 등의 의미를 나타낸다.

비(賁)는 외형적인 이미지를 잘 관리하는 것도 경쟁력을 키우는 데 유리한 일이 될 수 있다는 것이다. 외형적인 이미지라는 것은 기업을 드러내는 정체성이 될 수 있기 때문이다.

'정체성(identity)'이라는 단어는 주로 한 사람의 성향이나 목표, 개별적인 특성을 의미하는 것으로 쓰인다. 나를 다른 사람과 구분 짓게 만드는 특성인 셈이다. 우리는 보통 다른 사람의 정체성을 파악할 때 신체적 특징, 패션 감각, 헤어스타일, 화장법, 특이한 습관, 말투 등을 다양하게 고려한다.

정체성이 기업에 쓰이면 다른 조직과 구분이 되는 그 기업만의 특징을 말하는 것으로 기업의 경쟁력에도 영향을 미치는 중요한 요소가 된다. 특히 현대 기업들은 일관되고 상징적인 기업의 정체성을 확보하기 위해 많은 투자를 한다. 기업의 로고나 마크, 슬로건 등을 공들여 만들어 알리는 것은 물론이고 특유의 기업 문화를 조성해서 주목받기도 한다. 상품에도 포장이 중요하듯이 많은 기업들이 정체성을 효과적으로 드러낼 수 있는 이미지 관리에 신경을 쓰는 것이다.

하이얼 그룹은 2008년부터 5년 연속 냉장고 세계 판매량 1위 기업의 명성을 유지했으며 2010년에는 글로벌 시장 조사 기관을 통해 백색 가전 브랜드 1위 기업으로 선정되기도 했다. 하이얼 그룹이 오늘날의 위상을 갖게 된 것은 창업 초기부터 회사를 이끌었던 장루이민(張瑞敏) 회장이 브랜드와 기업 이미지의 중요성을 일찍 깨닫고 이를 전략적으로 활용했기 때문이다.

장루이민은 하이얼의 전신인 칭다오 냉장고 시절 공장장으로 일을 했었다. 당시 칭다오 냉장고는 불량품이 많아 회사는 적자만 내고 있었다. 직원들도 성실하지 않았고 공장장도 자주 바뀌었다. 기업 내부 분위기도, 대외적인 기업 이미지도 좋지 않았다. 그러던 중 장루이민은 냉장고 품질에 대해 항의하는 고객의 전화를 받게 된다. 한 통의 전화로 흘려버릴 수도 있지만 그는 즉시 창고 안에 있던 400대의 냉장고를 점검했고 그중 무려 76대가 불량임을 발견했다. 장루이민은 모든 직원을 창고 앞으로 불러들여서 그들이 보는 앞에서 쇠망치로 불량 냉장고 모두를 박살냈다.

이를 계기로 하이얼 그룹은 달라졌고 장루이민이 당시 사용했던 쇠망치는 현재 중국 국가박물관에 보관되어 있다. 그 사건은 하이얼 그룹에 큰 변화의 바람을 일으켰고 장루이민의 품질에 대한 확고한 생각은 기업 이미지와 위상을 제고하는 데도 지대한 영향을 미쳤다. 이후 하이얼 그룹은 승승장구하며 성공을 거두었고 장루이민은 중국의 '잭 웰치'라는 명성까지 얻게 되었다.

이처럼 기업가의 철학과 전략이 녹아 있는 기업 이미지는 기업의 성장과 결부되어 있다. 많은 기업인들이 기업 이미지를 만드는 데 많은 노력을 기울이는 것도 그런 이유에서다. 다만 기업의 내실은 전혀 다지지 않고 외형을 꾸미고 이미지를 만드는 데만 신경 써서는 안 된다. 조직의 역량에 비해 지나치게 화려한 이미지를 추구하는 것을 지양해야 한다. 그저 기업 고유의 정체성을 소박하고 간결하게 보여줄 수 있으면 충분하다.

●●● 한마음으로 단결해야 한다

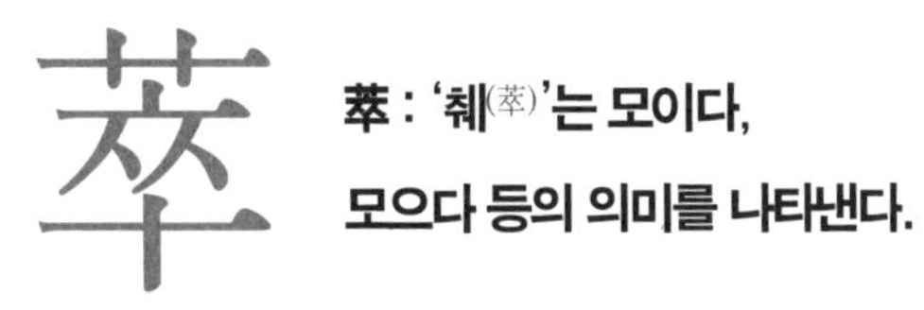

"백지장도 맞들면 낫다."는 속담처럼 아무리 쉬운 일이라도 혼자보다는 둘이 낫다. 사회생활을 하면서 가장 많이 배우고 경험하게 되는 것이 바로 협력이다. 어떤 일이든 한 사람의 힘만으로 완성되기는 힘들다. 능력과 자질이 제각각인 사람들이 모여서 협력하면 아무리 어렵고 힘든 일도 완수해낼 수 있다.

췌(萃)는 이처럼 여러 사람이 모여 힘을 합치면 유익하다는 것이다. 여러 사람이 힘을 모으면 그만큼 지혜와 역량이 늘어나기 때문이다.

'천시지리인화(天時地利人和)'라는 말이 있다. 하늘이 내리는 자연 조건인 '천시(天時)'는 지리상의 이로움인 '지리(地利)'만 못하고, 지리상의 이로움은 사람들 사이의 일치단결인 '인화(人和)'만 못하다는 뜻이다. 하늘과 땅이라는 거대한 자연의 혜택이 주어진다 해도 이는 사람들이 힘을 모으는 것만 못하다는 것이니 인화(人和)가 얼마나 중요한지 알 수 있다.

미국의 성공한 기업가는 "내가 성공할 수 있었던 이유는 내가 가진 강한 추진력과 성취 마인드가 10%를 차지하며 나머지 90%는 탄탄한 조직의 힘에 의지한 것이다. 여러 사람이 힘을 합치면 땔감을 모아 태웠을 때 불꽃이 거세지는 원리와도 같다."라고 말하였다. 한 사람의 유능한 인재가 할 수 없는 일도 여러 사람이 모여 조직적으로 힘을 발휘하면 가능해지는 것이다.

기업 경영은 축구와 같은 단체 스포츠에도 비유할 수 있다. 축구에서 공격을 담당하는 공격수의 개인기가 중요하다는 사람들도 많다. 더욱이 축구는 골을 넣어야 하기 때문에 골을 넣을 수 있는 선수의 기량이 뛰어나면 우승할 가능성도 커진다고 믿는다. 그러나 자신의 실력만 믿고 다른 팀원들을 무시하거나 협력하지 않는다면 결코 우승할 수 없는 스포츠가 바로 축구다.

알렉스 퍼거슨 감독이 맨체스터 유나이티드의 감독을 맡았을 때 그는 팀워크를 최우선 과제로 생각했다. 그는 팀워크를 해친다면 아무리 스타급 선수라도 냉정하게 내치는 것으로 유명했다. 세계적으로 수많은 팬을 보유하고 있으며 뛰어난 실력을 갖춘 데이비드 베컴, 반 니스텔루이, 로이 킨 같은 선수들도 과감하게 경기에서 제외시켰다. 비록 실력은 갖추고 있을지 몰라도 팀에는 방해가 되는 선수라고 판단했기 때문이다. 그리고 알렉스 퍼거슨의 이런 결정은 맨체스터 유나이티드에게 여러 차례 우승을 안겨주었고 세계적인 축구팀으로서의 명성을 갖게 했다.

기업 리더라면 알렉스 퍼거슨과 같은 태도로 조직의 인화를 중요시해야 한다. 기업에 반드시 필요한 뛰어난 역량을 가진 인재를 영입하는 것도 중요하지만 그 인재가 팀워크에 해를 끼친다면 기업에 결코 필요한 인재라고 할 수 없을 것이다. 조직의 화목과 인화를 도모하려면 지도자는 사람을 중시하여야 한다. 구성원 개개인을 존중하고 배려하며 모두가 잘 소통할 수 있도록 만들어야 인화가 실천될 수 있다.

● ● ● 규칙과 제도로 조직을 움직여야 한다

師 : '사(師)'는 스승, 군대, 모범으로 삼다 등의 의미를 나타낸다.

사(師)는 기업의 모범이 될 수 있고 개인과 조직의 실패를 줄일 수 있는 규칙과 제도를 말하는 것이다. 기업을 운영하는 것은 마치 군사를 일으켜 싸우는 것과도 같다. 대규모의 군사들을 이끌고 전쟁터에 나간 장수가 전쟁에서 승리하려면 군사들을 명령에 복종하게 만들어야 한다. 또한 군사들이 모두 힘을 모아 막강한 위력을 발휘하도록 만들어야 한다. 이것이 가능하려면 군대의 뼈대가 되는 규율과 법부터 바로 세워야 한다. 그렇지 않으면 군사들은 제각각 행동하여 군대는 패배하게 된다.

기업 경영을 책임지는 리더가 조직을 위해 가장 먼저 해야 하는 일도 규칙과 제도를 올바로 확립하는 것인데, 두 가지 사항을 염두에

돼야 한다.

첫째, 규칙과 제도는 반드시 현실성을 갖춰야 한다. 현실과 동떨어진 규칙과 제도는 실행되기 힘들다. 따라서 경영자가 현실성 있는 안목을 갖춰야 한다. 기업 내부의 상황을 세밀하고 명확하게 파악해야 하고 발생할 수 있는 다양한 문제들을 예측하고 분석한 다음 이를 기반으로 규칙과 제도를 만들어야 한다. 그래야 맞춤옷을 입은 것처럼 기업 상황에 적합한 규칙과 제도가 만들어지고 운용될 수 있다.

둘째, 규칙과 제도는 반드시 변화 가능한 것이어야 한다. 규칙과 제도는 기업의 틀이 되는 것이기 때문에 절대 변해서는 안 된다고 생각할 수도 있다. 하지만 기업은 시간이 지나면 성장하고 발전한다. 소수의 구성원들로 이뤄졌던 기업이 시간이 지나서 대기업이 되기도 하고 기업의 수장이 바뀌거나 기업 특성이 변하기도 한다. 기업이란 외부 환경에 따라서도 수시로 변화를 거듭하는 것이기 때문에 이에 따라 경영자는 규칙과 제도 역시 유연하게 변화시킬 수 있어야 한다.

이렇게 만들어놓은 규칙과 제도는 어떤 어려운 순간에도 반드시 지켜야 한다. 제갈량의 '읍참마속(泣斬馬謖)'을 본보기로 삼으면 된다. 제갈량이 위나라를 공격할 때였다. 제갈량의 공격을 받은 조예는 사마의를 보내 방어하도록 했는데, 사마의가 명장임을 알고 있던 제갈량은 어떻게 하면 그를 막을 수 있을까 고민이 깊었다. 마침 제갈량의 친구이자 참모였던 마량의 아우 마속이 자신이 그 일을 해내겠다고 자원했고 사마의에 비해 부족하다 여겼던 제갈량이 잠시 망설였으나 마속은 실패하면 목숨을 내놓겠다고 했다. 결국 제갈량은 이를 허락했으며 대신 자신의 전략을 신중히 따를 것을 명했다. 하지만 마속은 제갈량의 명령을 어기고 다른 전략으로 나섰다가 대패하게 되고 제갈량은 눈물을 머금고 마속의 목을 베었다.

제갈량이 마속의 목을 벤 것을 두고 가까운 사람을 한 번의 실수로 그렇게 죽음으로 내몰다니 냉혹하고 잔인하다고 평가할 수도 있을 것이다. 그러나 제갈량은 리더로서 사사로운 정에 얽매이지 않고 군대의 규율이 엄격하다는 것을 공정하게 보여준 것이다. 리더의 위치에 있어 조직을 이끌어야 한다면 제갈량과 같은 태도를 가져야 한다. 제도와 규칙을 마련할 때 충분히 심사숙고해서 반드시 지켜야 하는 항목들로만 구성해야 하며, 이를 지킬 때는 어떤 개인적인 감정에도 휘둘리지 않고 엄격하고 공정해야 한다.

••• 교육으로 인재를 양성해야 한다

蒙 : '몽(蒙)'은 몽매하다,
계몽하다 등의 의미를 나타낸다.

대부분의 대기업들이 직원 교육에 열을 올린다. 그 규모 또한 매년 늘어나는 추세다. 하물며 적지 않은 직원이 1년 안에 그만두고 다른 회사를 찾을지 모르지만, 그러한 리스크를 감수하고서라도 다양한 교육 프로그램을 실행한다. 왜 그렇게까지 직원 교육을 중시하는 걸까?

몽(蒙)은 막혀 있던 것이 트인다는 것으로 몽매한 사람을 가르친다는 것이다. 물론 요즘 배울 만큼 배운 청년들이 몽매하다는 말은 아니다. 하지만 학교에서 배운 것과 회사에서 해야 할 일이 엄연히 다르고 아직 사회인으로서의 면모가 덜 갖춰진 까닭에 교육은 필수다. 또한 평생학습 시대이지 않은가. 급속한 기술의 발달 때문에 매일 새로운 정보와 지식이 등장하는 상황을 고려해서라도 배움을 멈추어서는 안 된다.

이러한 이유로 많은 기업인들은 계몽의 지혜를 중시하고 있다. 하지만 무턱대고 가르쳐서는 안 된다. 교육은 신성하고도 어려운 사업이므로 교육자는 잘되리라는 기대감과 인내심, 책임감을 가져야 한다. 이에 인재 양성에 있어 몇 가지 원칙을 소개하고자 한다.

첫째, 교육은 실수나 실패의 사례를 이용하면 효과적이다. 반면교사(反面敎師)를 이용하는 것으로 같은 업종이나 직무에서 쉽게 발생할 수 있는 문제점들이나 사람들이 자주 저지르는 실수들을 사례로 들면 받아들이는 입장에서 이해가 더욱 쉽다. 더불어 단순히 알려주는 선에서 그치지 말고, 그러한 문제가 생겼을 때 자신이라면 어떻게 해결할 것인가를 고민해 보도록 유도한다.

둘째, 몽매를 포용해야 한다. 지식과 기술에서 부족함이 있다고 해서, 무작정 우습게 여기거나 함부로 대해서는 안 된다. 훌륭한 지도자라면 마땅히 넓은 도량으로 포용하고 정성으로 감화시키고 이끌어야 한다. 그들이 가진 개성을 존중하고 누구도 차별하지 않고 평등하게 대하며 교육을 시켜야 한다. 되도록 눈높이를 맞추려 애쓰고, 자신이 직원의 입장이라면 지금 내가 하고 있는 교육을 어떻게 받아들일지 고민해야 한다.

셋째, 직종의 특성에 맞게 현실적으로 교육해야 한다. 실제 업무에 전혀 도움이 되지 않는, 업무와 동떨어진 교육은 의미가 없다. 또한 이론적인 교육에만 머문다면 구성원들이 업무 능력을 향상시키는 데 전혀 도움이 되지 않으며 오히려 시간 낭비가 될 수 있다. 최신 정보와 연구를 적극적으로 활용하고, 이러한 사안들이 어떻게 현재 진행되는 사업 혹은 직무와 연관되는지 명쾌히 설명해 주어야 한다.

일년수곡 십년수목 백년수인(一年樹穀 十年樹木 百年樹人)이라 했다. 곡식은 당장 한 해를 살펴서 심고, 나무를 심을 때는 십 년을 내다보고, 인재양성에는 백 년이라는 시간을 들여야 한다는 말이다. 그만큼 사람을 깨우치는 일은, 그 모든 교육은 하루아침에 이루어지지 않는다. 각고의 노력과 인내, 그리고 진실로 애정을 쏟아야만 조직을 위해 아낌없이 투신하는 인재를 만들어 낼 수 있다.

●●● 현명한 인재를 등용해야 한다

大畜 : '대축(大畜)'은 풍성한 축적의 의미를 나타낸다.

인생을 살면서 재능이든 돈이든 훌륭한 자원을 갖고 있다는 것은 분명 남들과의 경쟁에서 한 발 앞설 수 있는 비결이 된다. 이는 기업인에게도 마찬가지다. 치열한 시장 경쟁에서 우위를 점하기 위해서는 기업의 자원이 풍부해야 하는데, 그중 가장 중요하게 생각해야 할 것이 바로 유능한 인재다.

대축(大畜)은 유능한 인재를 풍성하게 확보하는 것이 중요하다는 것이다. 기업인이라면 자고로 훌륭한 인재를 발굴할 수 있는 능력을 갖춰야 하며, 이것이 기업 성장의 토대가 된다.

유방의 유명한 '삼불여(三不如)'라는 말은 바로 이 인재 등용의 중요성을 깨우치게 한다. 5년간의 초한전쟁을 승리로 이끌고 황제가 된 유방은 연회를 베풀어 자신이 천하를 얻게 된 까닭에 대해 신하들과 이야기를 나누었다. 신하들이 저마다의 견해를 말하였지만 핵심을 짚지 못하자 유방은 이렇게 설명했다.

"군막 안에서 계책을 마련해서 천리 밖의 승부를 결정짓는 일에서 나는 장량(張良)만 못하다. 백성을 달래고 전방에 식량을 공급하고 운반로가 끊어지지 않도록 유지하는 일에서는 내가 소하(蕭何)만 못하다. 100만 대군을 통솔하여 전장에서 싸울 때마다 승리를 쟁취하는 일에서는 내가 한신(韓信)만 못하다. 이 세 사람을 쓸 수 있었던 것이 바로 내가 천하를 얻은 까닭이다."

세 사람만 못하다는 의미의 '삼불여(三不如)'는 바로 이런 유방의 말에서 비롯되었으며, 이는 훌륭한 리더라면 자신의 약점을 보완하고 이를 채워줄 수 있는 유능한 인재를 등용할 줄 알아야 한다는 것이다. 뛰어난 인재를 많이 보유하고 있다는 것은 리더의 능력이자 기업의 자산이다. 즉 리더는 뛰어난 인재를 있는 그대로 인정하고 받아들일 수 있어야 한다. 만약 리더가 자신의 능력을 과신하고 자신보다 유능한 인재를 시기하고 질투한다면 이는 자기 자신은 물론이고 조직의 발달을 가로막는 것이다.

기업 대 기업, 국가 대 국가의 경쟁은 곧 '인재의 경쟁'이라고도 할 수 있다. 그렇기 때문에 기업의 리더나 국가의 수장은 반드시 현명한 사람을 등용하는 '상현(尙賢)'을 기반으로 뛰어난 인재를 성장시킬 줄 아는 '양현(養賢)'의 마인드를 가져야 한다.

또한 리더는 유능한 인재를 발굴하는 데 방해가 되는 걸림돌을 제거해야 한다. 형식이나 제도가 사람을 쓰는 데 걸림돌이 되어서는 안 된다. 일례로 요즘 많은 기업들은 능력 위주의 인재를 발굴하기 위해 부모의 직업이나 학력, 재산 등 배경 요소가 되는 것을 이력서에 절대 쓰지 못하도록 금하고 있다. 어떤 기업에서는 오로지 실무능력만 보기 위해서 이력서에 학력, 성별, 나이 등을 기재하는 난을 없애기도 했다.

리더는 많은 시간과 정성을 들여 잠재력 있는 인재를 발굴해야 한다. 인재의 어느 한 면이 아니라 다각적인 면을 분석해서 조직에 꼭 필요한 인재를 발굴해야 한다. 또한 인재를 등용하는 것이 끝이 아님을 명심해야 한다. 인재 등용 후 조직 내에서 그 인재가 자유롭게 자신의 능력을 펼칠 수 있도록 유연한 환경을 조성해주어야 하는 것도 리더의 몫이다.

••• 집과 같은 편안함도 있어야 한다

家人 : '가인(家人)'은
한 집안 식구 등의 의미를 나타낸다.

가정은 사회를 구성하는 가장 기본이 되는 단위이다. 가정은 조화로운 사회의 기초이며 국가가 태평하려면 반드시 화목하고 따뜻한 가정을 필요로 한다. 중국식의 관리 사상은 가정 윤리로부터 널리 퍼진 것이다. 그러므로 지도자는 회사를 집처럼, 구성원들을 가족처럼 생각해야 한다. 그래야 구성원들 역시 회사를 집처럼 편안하게 여겨서 기업 발전에 적극 기여하게 된다.

가인(家人)은 가족과 같은 마음으로 교류하는 것을 말한다. 실제로 회사와 직원 사이에 그토록 끈끈한 유대감이 형성된다면 어떠한 위기가 와도 능히 극복할 수 있으며, 평소에는 쉬이 성장을 도모할 수 있다. 실제로 많은 리더들이 회사를 집과 같이 생각하라고 직원들에게 흔히 이야기한다. 다만 직원들이 그렇게 느낄 만큼 편안한 분위기를 조성했는지 스스로 돌아봐야 한다.

말로는 가족 같은 분위기를 언급하면서도, 실제로는 마음을 쓰지 않고 생색만 낸다면 직원들은 반감을 갖게 된다. 오히려 겉과 속이 다르다며 더욱 실망할지 모른다. 그러므로 리더는 유쾌하고 편안한 분위기를 조성하려 노력하고 될 수 있으면 권위적인 태도를 내려놓고 구성원들과 한데 어울리는, 수평적인 조직 문화를 만들어야 한다. 근래에 들어 굴지의 대기업들이 직위를 없애고 소통 구조를 수평화하는 일에 열을 올리고 있다. 피라미드식의 경직된 사내 문화가 21세기 기업경영에서는 더 이상 통용될 수 없음을 깨달았기 때문이다.

21세기는 창의성과 자율성이 기업 문화의 핵심이다. 직원들이 위에서 내리는 지시를 그대로 수행하기만 해서는 기업의 발전이 없다. 직원 스스로 창의성을 최대한 발휘하여 이를 성과로 연결시키고, 높은 연봉이든 일에 대한 성취감이든 확실하게 보상을 책임져 주기만 해도 회사는 자연스레 성장을 한다. 늘 새롭고 독특한 것을 찾는 요즘 고객들의 기호에 맞추려면 창의성을 발휘하는 직원들이 꼭 필요하다. 그러기 위해 최대한 편안한 분위기, 마음껏 의견을 낼 수 있는 분위기를 만들어야 한다.

이제 가족의 의미는 점점 퇴색되어 간다. 핵가족 시대를 넘어 1인 가구 시대에 접어들었다. 이미 1인 가구가 500만을 넘어섰다는 뉴스도 들려온다. 가족의 해체와 더불어 '집'의 중요성 또한 크게 줄어들고 있다. 돈을 모으고 모아 집을 사기보다는 현재의 행복한 삶을 위해 아낌없이 자본을 투자한다. 욜로(YOLO : You Only Live Once)족들이 대거 등장한 까닭이 거기에 있다.

그래도 오랫동안 먼 곳을 여행하거나, 밖에서 조금만 고생을 하면 다시 찾게 되는 것이 바로 집이다. "집이 제일 편하지." 하는 소리가 절로 나온다. 직원들이 아무리 오래 회사에 있어도 집 생각이 나지 않을 만큼 편안한 분위기를 조성하는 것이, 요즘 시대에서 살아남는 리더의 능력이다.

••• 인재를 가치 있게 여겨야 한다

井 : '정(井)'은 우물, 우물 모양을 한 갱 등의 의미를 나타낸다.

옛말에 "정 개읍불개정 무상무득 왕래정정(井 改邑不改井 无喪无得 往來井井)"이라고 했다. 자고로 마을은 고쳐도 우물은 고쳐서는 안 된다는 것이다. 식수가 중요했던 예전에는 물이 나오는 우물을 중심으로 마을이 형성되었다. 그만큼 우물의 물은 사람들에게 매우 중요하며 시간이 지나거나 많은 사람들이 이용해도 줄어들거나 고갈되지 않는다. 그러나 두레박을 못 쓰게 되어 우물의 물을 긷지 않고 방치한다면 진흙이 일어나고 물이 탁해져서 결국은 마시지 못하게 된다.

다시 말해 정(井)은 마을 사람들의 생명의 원천이며 기업에서 우물만큼 중요한 가치가 있는 것은 바로 인재이다. 사람, 재물, 물건에서 사람이 첫 번째로 중요하다. 일은 사람을 위한 것이고, 재물은 사람이 관리하며, 물건은 사람이 쓰기 때문이다. 그만큼 인재는 시기와 장소를 막론하고 가장 중요한 가치를 지니고 있다. 그래서 인재를 등용할 때는 당사자가 최고의 능력을 발휘하고 효율을 낼 수 있도록 만들어줘야 한다. 인재를 이용할 때는 대담해야 하며, 의심하고 경계하면 영웅이 무기를 쓸 수 없게 되듯이 결국 조직을 이탈하게 된다. 인재라는 우물이 못 쓰게 되지 않도록, 튼튼한 두레박이 되기 위해 늘 경주해야만 한다.

인재를 이용할 때 가장 중요한 사항은 신임이다. "의심스러운 사람은 쓰지 말고, 사람을 쓰면 의심하지 말라.[疑人莫用, 用人勿疑]"는 말이 있다. 인재를 발굴하고 기용하기 전에는 어떤 인재인지 의심하고 검증하는 과정이 필요하더라도 일단 인재를 등용한 후에는 의심을 품지 말고 전적으로 신뢰해야 한다. 신임을 받는 인재는 자발성과 진취심이 높아져서 어떤 난관도 이겨낼 수 있는 역량을 갖게 된다. 또한 상사는 부하를, 부하는 상사를 서로 신임하는 분위기가 조성되어야 한다. 그러면 구심력이 생기면서 모든 사람들이 일치단결하여 빛나는 성과를 이룰 수 있다.

근래에 세종대왕만큼 각광을 받는 조선의 왕이 있다. 바로 정조대왕이다. 나라가 힘겨운 상황에서 왕위에 올라 다시 조선의 부흥기를 일으켰던 장본인이다. 의문의 죽음으로 그의 의지는 끝을 맺지 못했지만 치적만큼은 길이 칭송받아 마땅하다.

정조대왕이 현대에 들어 많은 사랑을 받는 까닭은 그의 애민정신에 있다. 100회 이상 직접 궁 밖으로 행차하여 백성들의 이야기에 귀를 기울이고 신분 때문에 억울한 일이 생기지 않도록 배려했다. 특히 규장각을 설치하여 정약용과 같이 젊은 학자들을 대거 발탁하며 인재 등용에 특별히 힘을 기울였다.

기업을 경영함에 있어 본인이 주인공이 아니어도 괜찮다. 귀중한 우물물을 마을로 길어 나를 두레박의 역할만 다해도 충분하다. 그로 인해 직원이 행복하고 고객이 행복하다면 저절로 부는 쌓일 것이며, 기업가로서의 책임 또한 저절로 완성될 것이다.

부록

이야기로 풀어쓴 온고이지신 (溫故而知新)

성실한 염파 장군

: 자신의 과오까지 드러낼 수 있는 성실한 리더

조나라 혜문왕은 회담 장소인 민지로 출발했다. 염파 장군은 변경까지 전송하며 혜문왕에게 작별 인사를 했다. "제가 이번 대왕의 행차를 가늠해 보니 출발해서 회담을 마치고 돌아오실 때까지 30일을 넘기지 않을 것 같습니다. 만약 30일이 되어도 돌아오시지 못하면 우리가 태자를 왕으로 모시고 진나라의 정치적 허욕을 꺾을 수 있도록 허락해 주십시오." 혜문왕은 염파의 요구를 허락하였다.

마침내 민지에서 회담이 열렸다. 진왕과 조왕이 술을 마시고 취흥이 올랐을 때 진왕이 조왕에게 비파를 연주해 달라고 청하여 조왕이 연주하였다. 그러자 인상여도 진왕에게 장구를 쳐 달라고 요청하였으나 진왕은 응하지 않았다. 이에 인상여가 진왕을 협박하였다. "제가 다섯 걸음 이내의 가까운 거리에 있으므로 제 목의 피를 대왕께 뿌릴 수 있습니다."

진왕의 측근들이 인상여를 죽이려 했으나 인상여가 눈을 부릅뜨고 호통을 치자 모두 기가 죽어 물러났다. 진왕은 달갑지 않았으나 할 수 없이 장구를 두드렸다. 주연이 끝날 때까지 협상 과정에서 진나라는 한 번도 조나라를 능가하지 못했다. 조나라 사람들이 충분히 대피를 하였기 때문에 진나라는 감히 군대도 움직이지 못했다.

조왕이 귀국하여 인상여를 높은 관직인 상경에 임명하였다. 염파는 자신보다 높은 작위에 오른 인상여를 두고 "나는 조나라 장수로서 성을 공격하고 들에서 전투한 공로가 있다. 인상여는 본래 출신이 비천한 사람인데 단지 말재주만으로 나보다 높은 지위에 있으니 나는 부끄럽지 않을 수 없다. 내가 그의 아래에 있는 것은 참을 수 없다."라고 말했다. 그리고 이 말이 인상여의 귀에 들어가자 그는 될수록 염파를 피했고 병을 핑계로 조회에도 나오지 않았다.

어느 날, 인상여는 수레를 타고 가다가 길에서 염파가 탄 수레와 마주치게 되었다. 그러자 인상여는 수레를 피해 골목으로 들어가려 했다. 부하들이 왜 그렇게 염파를 두려워하느냐고 묻자 인상여는 웃으며 되물었다.

"자네들이 보기엔 염파 장군이 센가? 진나라 왕이 센가?"

부하들은 이구동성으로 진나라 왕이 더 세다고 말했다.

그러자 인상여는 또 말했다.

"나는 진나라 왕도 무서워하지 않는데 염파를 두려워하겠는가? 생각해 보게, 진나라가 왜 우리나라를 감히 침범하지 못하고 있는가? 나와 염파 장군이 있기 때문이 아닌가? 그런데 나와 염파 장군 사이가 나빠져 다투기만 한다면 어떻게 되겠는가? 국력이 쇠약해지고 그렇게 되면 진나라는 얼씨구나 좋다고 우리나라에 쳐들어올 것이 아닌가? 이젠 내가 염파 장군을 피하는 까닭을 알 만한가? 모든 것이 다 나라를 위해서라네."

인상여의 말이 염파의 귀에 들어가자 그는 자신의 소행을 곰곰이 생각해 보았다. 결국 잘못을 깨닫게 된 염파는 웃옷을 벗고 회초리 묶음을 한 짐 지고는 인상여의 집을 찾아가 사죄를 했다.

"저의 죄를 용서해주십시오. 저는 공로와 권력에 눈이 어두워 상경처럼 나라의 일을 우선으로 생각하지 못했습니다. 사심이 너무 많은 탓입니다. 참으로 상경을 볼 면목이 없습니다. 제게 벌을 내려주십시오."

인상여는 급히 염파를 일으켜 세웠다.

"이게 무슨 일입니까? 어서 일어나십시오. 장군께서 사죄할 일이 무엇입니까? 우리는 모두 조나라의 대신들입니다. 저를 그렇게 이해해주셔서 참으로 감읍하옵니다."

이 일이 있은 후 두 사람은 매사에 서로 양보하고 고생을 같이하는 친한 벗이 되었다. 물론 고위직인 인상여의 덕행도 훌륭하지만 대장군으로서의 염파 또한 거울로 자기를 비추어보고 자기의 착오를 바로 고치고 성실하게 대하는 정정당당한 사나이임에 틀림없다.

교류에서 3할만 말하라

: 입은 무겁고 말은 간결해야 한다

중국 『증광현문』에 이런 말이 있다. "사람을 만나면 3할만 말하고 마음 전부를 내던지지 마라." 이 말은 중국인들이 수많은 세대를 거쳐 오면서 강조했던 것으로 교류를 할 때는 말을 조심하고 마음속을 드러내지 말라는 것이다. 상대에게 속마음을 전부 말하면 상대가 나의 바닥까지 모두 장악할 수 있기 때문이다.

거리낄 것이 없고 정직하게 생활하는데 다 보여주면 어떠냐고 항변하는 사람도 있을 것이다. 3할만 말하는 것은 솔직하지 못하며 음험한 것이 아니냐고 반문할 수도 있다. 하지만 이는 잘못 이해한 것이다. 불필요한 말을 하지 말라는 것이지 교활하게 굴거나 숨기고 감추라는 것이 아니다.

항상 말을 할 때는 세 가지를 고려해야 한다. 바로 사람, 시간(때), 장소이다. 그 사람이 아니면 말할 필요가 없고, 그 시간이 아니면 그 사람일지라도 말할 필요가 없으며, 정말 그 사람이고 그 시간일지라도 그 장소가 아니면 말할 필요가 없다. 그 사람이 아닌데도 당신이 3할을 말했다면 지나친 것이 된다. 그 사람이지만 적당한 때가 아닌데도 말하는 것은 효율적이지 못하다. 적절한 때가 왔다고 해도 적당한 장소가 아닌데 말을 한다면 실례가 되기 쉽다. 장소까지 가려 말할 수 있어야 세상사에 밝다고 할 수 있다.

세 가지를 충분히 고려했다면, 간단명료하게 말해야 한다. 말이 적고 정확할수록 사람들은 신뢰할 수 있다고 느끼게 된다. 말이 많은 경우 쓸데없는 말이 늘어나서 전하려는 메시지는 오히려 불분명해질 수 있다. 즉 말이 가벼워지게 된다. 지나치게 열을 내며 말하는 경우에는 어떤 말을 해야 하고 어떤 말을 하지 말아야 하는지 잊기 쉽고 공사의 구별도 뒤섞이기 쉽다. 빈말도 조심해야 한다. 상대와는 관계가 없더라도 불만과 불평부터 쏟아낸다면 결국은 자신의 말이 다시 자신에게 돌아와 비수로 꽂힐 수 있다.

친한 친구에게조차 마음을 전부 털어놓는 건 금물이다. 배우자라고 하더라도 이는 마찬가지다. 상대가 아무리 자신과 가까운 사람이라고 해도 진심이 100% 전달되는 건 불가능하기 때문이다. 상대가 나의 기대와 다르게 말을 받아들이고 반응할 수도 있고 오해를 사는 경우도 생길 수 있다.

중국 모략가 중 한 사람인 귀곡자(鬼谷子)는 "입은 말이 드나드는 관문으로 본심을 감추는 역할을 한다."라고 말했다. 입은 마음속의 감정과 뜻을 토로하거나 숨기는 데 사용된다. 따라서 쓸데없는 말을 너무 많이 하면 실수하기 쉽고 경솔한 사람으로 낙인찍힐 수도 있다. 또한 입이 가벼운 사람은 신용을 얻기 힘들다.

지혜로운 사람은 자기의 혀를 잘 관리할 줄 안다. 사람을 만나 3할만 말한다는 것은 자기의 사정을 마음대로 말해서도 안 되지만 다른 사람의 일도 함부로 말하지 말라는 것이다. 사람은 누구나 사적인 일이 있고 그것을 알리지 않을 권리가 있다. 무심코 남의 사생활을 말했다면 당사자는 당신에게 한을 품을 수도 있다. 따라서 말에 실수가 없으려면 신중해야 한다.

경영에 중요한 것은 '타이밍'이다

: 시기적절한 판단과 추진력이 경영의 힘

시골뜨기에 가난한 고덕강은 하청을 받아 옷을 만들어주는 의류 사업을 시작했다. 일을 하다 보니 앞으로 오리털 옷을 만들면 대박이 날 것이라는 생각이 들었다. 그가 의류사업을 하던 1980년대에는 가죽재킷이 유행하고 있어서 오리털 옷은 인기 있는 품목이 아니었다. 그러나 고덕강은 이렇게 생각했다.

"현재 소비자들의 생활수준이 그리 높지 않기 때문에 모든 사람이 멋진 가죽재킷을 사 입을 수는 없을 것이다. 물론 오리털 옷이 계절 의상이기는 하지만 수요량은 많을 것이기 때문에 맵시 있게 모양을 약간 고쳐서 내놓으면 시장은 매우 넓을 것이다."

고덕강은 하청 받은 옷들을 계속 만드는 한편, 시간이 나는 대로 오리털 옷을 만드는 기술을 배우고 연구했다. 이후 시장에 상품을 내놓자 영업 이익이 급상승했다. 고덕강이 하청을 받아서 원래 만들던 옷은 '슈스덩'이라는 상표였는데 고덕강은 기업을 오래 유지하기 위해 자신만의 브랜드를 만들었다. 미국의 '보스톤'의 음을 따서 '보스덩'이라고 지었는데, 국제적이고 깔끔한 이미지의 브랜드를 만들고 싶었기 때문이다.

고덕강은 자기 상표를 출원한 후 대량생산을 시작했다. 얼마 지나지 않아 수요를 따라가지 못할 정도로 대박 상품이 되었다. 그러나 달도 차면 기운다고 오리털 의류사업에 막대한 이윤이 붙자 오리털 옷을 만드는 공장이 늘어나기 시작했고 포화상태에 이르렀다. 결국 오리털 옷을 만드는 공장들은 잇따라 적자를 내기 시작했다. 고덕강 역시 23만 장의 상품 가운데서 겨우 10만 장밖에 팔지 못했고 나머지 옷들은 그대로 창고에 쌓여갔다. 은행에서는 대출금을 갚으라는 독촉장이 쉴 새 없이 날아왔다. 고덕강은 혼자 고스란히 위기를 떠안게 됐다.

시장이 갑자기 냉각 상태에 빠졌을 때, 고덕강은 미국으로 시장조사를 떠나기로 했다. 떠나는 도중에 북경 왕푸징 백화점 책임자의 전화를 받았다.

"우리 백화점에서 당신의 오리털 옷을 구입해 6월 말까지 바겐세일을 하려고 합니다. 당신이 거절하면 다른 사람에게 주문할 겁니다."

바겐세일을 한다는 것은 싸게 구입하겠다는 말로 당시 가격으로 장당 180~200위안, 많아 봤자 220위안이었다. 터무니없는 가격이었지만 고덕강은 어떻게 해서든지 가겠다고 대답했다. 고덕강은 귀국하자마자 왕푸징 백화점에 2,500장의 옷을 보냈다. 심양 중신에서도 상당량의 옷을 대리판매해 주겠다고 했다. 이렇게 해서 대출금은 모두 갚을 수 있었지만 여전히 회사는 적자였다. 많은 사람들이 그렇게 팔면 밑지는 장사라고 말려도 고덕강은 자기 회사의 상표를 널리 알릴 수 있는 기회라고 여겼다.

또한 그는 위기에 벗어나기 위해 자사 제품의 결함을 꼼꼼히 분석했다. 이를테면 디자인이 단조롭고 유행에 뒤떨어진 것, 색상이 화사하지 않고 어두운 것, 원단의 질감이 좋지 않은 것 등등이었다. 고덕강은 이런 결함들을 개선하기 위해 많은 자금을 투자해 기계를 새로 들이고 유행을 반영해 아름다운 색상, 세련된 디자인, 가벼우면서 보온성이 뛰어난 신제품을 생산했다. 신제품 출시를 하루 앞둔 날 밤, 고덕강은 잠을 이룰 수가 없었다. 다행히도 그의 피나는 노력과 수고는 그를 배반하지 않았다. 새 옷은 시장에 내놓자마자 좋은 반응을 불러일으켰다. 그해 60만 장이 팔리면서 판매액이 급신장했다. 고덕강의 제품은 중국시장에서 일류 상품이 되었고 그는 억만장자가 되었다.

귀곡자는 "거사할 때는 사람을 제어하는 것을 귀히 여기고 남에게 제어당하는 것을 피해야 한다. 사람을 제어하는 자는 권력을 잡지만 제어당하는 자는 운명까지 제어를 당하게 된다."라고 말하였다. 고덕강은 자신이 기선을 잡아 남을 통제했으며, 다른 이의 통제에서 벗어나 스스로 자기 운명을 주도했다. 또한 시기적절하게 사업을 발전시켰기 때문에 성공을 거두고 부를 이룰 수가 있었다.

비범한 안목과 통찰력을 가져라

: 세밀한 것까지 살필 수 있어야 위기를 모면할 수 있다

소년 시절 진평은 책 읽기를 즐겨했다. 처음엔 항우를 따르다가 후에는 유방을 섬겼는데 모략이 뛰어나 한나라 통일에 공을 세웠다. 유방이 천하를 얻으려 노력할 당시 진평은 죽음을 무릅쓰고 유방에게 충성했다.

초나라와 한나라가 전쟁 중일 때 진평은 유방의 진영으로 가기 위해 항우 진영에서 몰래 도망쳐 나왔다.

밭의 오솔길로 황급히 빠져나와 황하 기슭으로 간 진평은 강가에 이르러 낮은 소리로 강을 건널 수 있는 배를 불렀다. 배에는 너덧 명의 사내가 타고 있었는데 얼굴이 모두 야만인처럼 흉악한 모습이었다. 진평은 배를 타는 것이 불길했지만 달리 방법이 없었다. 곧 초나라 군사가 추격해 올 것이 분명하기에 울며 겨자 먹기로 배에 올라탔다. 배가 천천히 움직이기 시작하자 진평은 다소 마음을 놓았으나 배에 탄 사내들은 서로 눈짓을 하면서 수군거렸다. 불길한 예감이 진평

의 마음을 사로잡았다. 이윽고 배가 강 한복판에 이르자 배의 속도가 느려졌다.

'저들이 손을 쓰면 나는 어쩌지?'

진평은 배에 오르기 전부터 생각해 놓은 계책을 발휘할 때가 되었다고 판단하고 자리에서 일어서며 말했다.

"배 안이 너무 덥군요. 너무 더워서 땀이 다 나네요."

그러면서 진평은 별일 없다는 듯이 허리춤에서 보검을 빼고 웃옷을 훌훌 벗었다. 벗은 옷가지를 뱃전에 걸쳐 놓은 후 그들을 도와 노를 저었다. 그의 행동을 보고 있던 사내들은 서로 쳐다보면서 의아해했다.

"날씨가 꽤 무덥네요. 아무래도 한바탕 소나기라도 올 것 같습니다."

진평은 이렇게 말하며 하나 남은 속옷까지 벗어 뱃전에 걸쳐 놓았다. 진평은 알몸인 채로 그들과 함께 노를 저었다. 진평에게 재물이 없음을 알게 된 사내들은 그를 해치려는 마음을 버리고 배를 재빨리 기슭으로 저어갔다. 진평은 총명과 기지로 한 차례의 재앙을 물리칠 수 있었던 것이다.

귀곡자는 "성인이 사태의 위급함을 미리 알아채서 위험한 상황을 잘 피할 수 있는 이유는 만물의 이치를 깨닫고 지략에 통달해 세밀하고 미묘한 것을 모두 알았기 때문이다. 일이란 티끌처럼 작은 것에서 시작해서 태산의 뿌리를 휘두를 만큼 커지는 것이다."라고 말하였다.

지혜가 있는 사람은 순간 나쁜 낌새가 나타나면 민감하게 반응한다. 위험한 징조를 발견하고 어떻게 사태가 진행될지를 살피면서 원인을 찾고 해결 방법을 생각해 낸다.

진평은 배에 타고 있는 사람들의 인상과 차림새, 언어 등 아주 작은 사소한 것에서 위험을 감지했다. 자기가 타지 말아야 할 도적들의 배에 올라탔음을 간파했던 것이다. 이러한 점에서 진평의 비범한 안목과 통찰력을 알 수 있다. 그는 배에 탄 사람들이 재물을 빼앗기 위해 사람도 죽일 수 있다는 것을 알아챘고 대응책으로 날씨가 무덥다며 웃통을 벗어 자기가 무일푼임을 알려줌으로써 그들이 재물을 빼앗으려는 의도를 포기하게 만들어 슬기롭게 위험을 모면할 수 있었던 것이었다.

변화에 대한 확고한 안목과 판단을 가져라

: 시장 변화와 발전을 따르는 데 권력을 써야 한다

유독 중국에서만 KFC의 가맹점 수가 맥도날드의 두 배를 차지한다. 그 이유는 무엇일까?

20년 전 KFC의 중국 사업부 총재인 소경식이 귀국했을 때였다. 당시에는 중국 내 KFC 매장이 겨우 네 군데밖에 없었다. 그런데 20년 만에 600배인 2,600여 개가 되었다.

소경식은 중국에 돌아온 그날 "대추를 통째로 삼키듯이 외국에서 경험한 것을 그대로 할 것이 아니라 중국인의 생활에 맞춰 적응시킬 것, 그것이 KFC의 총체적인 전략이다."라고 말하였다.

1987년, 중국에서 KFC 매장이 처음 문을 열었을 때는 메뉴가 닭다리 튀김과 감자튀김 등 여덟 가지 밖에 없었다. 그러나 지금은 고객들의 입맛에 맞추어 52종으로 늘어났다. 어떤 사람은 KFC의 성공은 시기를 잘 탔고 중국의 광활한 시장 덕분이라고 말한다. 소경식은 그 점을 부인하지는 않았지만 그보다 더 중요한 것은 KFC가 중국화 전략을 추진했기 때문이라고 했다. 또한 중국화 전략을 음식에만 국한시킨 것이 아니라 관리 인원까지도 중국화 전략을 사용했던 것이 가장 중요한 돌파구였다고 말한다.

KFC가 중국에 처음 진출할 때 KFC 고위층에서는 심혈을 기울여 준비했다. 우선 미국 패스트푸드에 대해 깊이 연구한 아시아계 사람들을 초청해 그들이 사업을 주관하도록 만들었다. 그러나 소경식은 동양 문화와 서양 교육의 요소에 미국식 스낵과 중국 전통 음식 문화를 완전히 하나로 결합시켜 중국 소비자들의 입맛을 사로잡았다.

소경식은 음식 외에도 현지화를 중시해 중국인을 주로 채용했다. 그들은 외국인들보다 중국 시장을 더 잘 알고 있었고 그들이 제출한 일련의 시장 전략과 그 전략을 구사하는 방법이 중국 소비자들의 구미에 더 적합했다. 지금도 KFC의 중국화 전략은 진행 중이다.

2005년, 소경식은 KFC와 전국적으로 이름을 떨치고 있는 쇼우페이양(小肥羊)과의 합작을 계획했다. 이보다 한참 전에 그는 완전히 중국화한 새 상표인 둥팡지바이(東方既白)를 창립했다. 둥팡지바이를 창립한 지 겨우 3년 밖에 되지 않은 짧은 기간 동안, 이미 시장 잠재력을 확인할 수 있었다. 상해에서 시작한 둥팡지바이는 현재 북경까지 뿌리를 내렸다.

귀곡자는 "무릇 통합하고 등을 돌리는 두 가지 추세가 있는데 거기에 부합하는 계책이 있어야 한다. 두 가지 추세는 둥근 고리처럼 서로 맞물려 돌아가기 때문에 각각의 추세에 따라 계책도 달라져야 한다."라고 말하였다.

즉 모든 사물의 변화와 발전은 마치 둥근 원과 같이 순환하며 이어지고 또 모든 발전단계마다 변화하는 방식이 있다는 것이다.

소경식의 지혜가 바로 그와 같다. 그는 새로운 시장에 진입할 때 시장에 대한 안목을 갖추었기에 이를 판단 기준으로 삼았다. 치열하고 복잡한 비즈니스 세계에서 자기 사업을 안정적으로 성장시키려면 소경식이 그러했듯이 끊임없이 변화하는 시장 정보를 발 빠르게 수집하고 시장의 변화 발전을 바짝 따라가야 한다.

중용의 도를 가져라

: 권한과 업무를 나누고 협력해야 한다

231년, 제갈량은 위나라를 치기 위해 군사를 이끌고 기산으로 갔다. 위나라에서는 대장 사마의와 장합이 촉나라를 막기 위해 군사를 이끌고 기산으로 나왔다.

제갈량은 일부 군사는 기산에 남겨두고 자신은 주력 부대를 직접 이끌고 사마의를 공격했다. 그러나 제갈량에게는 골치 아픈 문제가 있었는데, 바로 군량 공급이었다. 여러 차례 북벌에서 군량 때문에 철수할 수밖에 없었다. 그래서 이번에는 '목우'와 '유마'라는 운송 도구를 만들었고, 이를 통해 군량이 고갈되는 것을 막고자 했다. 충분한 준비를 마친 제갈량은 10만 대군을 거느리고 위나라 군과 격전을 벌이려고 했지만 사마의는 성문을 닫고 지키기만 할 뿐 나와 싸우려고 하지 않았다. 제갈량이 아무리 싸움을 걸어도 꿈쩍하지 않았다. 양쪽 군사는 100여 일이 넘도록 대치 상태에 있었다.

어느 날 제갈량은 사신을 사마의에게 보냈다. 사마의는 제갈량의 상황을 알아보려고 사신을 잘 대접한 후 별로 중요하지 않은 내용으로 말을 건넸다.

"제갈 승상께서는 공사가 다망할 텐데, 그래 요사이 몸은 건강하시오?"

사신은 사마의가 사소한 일상사를 묻는다고 생각하고는 별로 개의치 않고 솔직하게 말했다.

"저희 승상께서는 참으로 다망하십니다. 군영의 대소사를 모두 보시고 자신이 직접 처리하시니까요. 이른 새벽에 일어나시고 밤늦게 잠자리에 드시지요. 요즘은 위가 좋지 않아 식사도 조금밖에 하지 못하십니다."

사신이 돌아간 다음 사마의는 부하들에게 "제갈공명이 그 번다한 사무를 혼자 떠안고 있으면서 식사는 얼마 못 한다고 하니 오래 살 것 같지가 않군." 하고 말했다.

제갈량은 과연 사마의의 예측대로 얼마 지나지 않아 과로로 병이 들어 침상에서 일어나지 못하였다. 제갈량이 병으로 앓아누웠다는 기별을 받은 유선은 급히 대신 이복을 오장원에 보내어 위문했다. 제갈량은 그에게 이렇게 말했다.

"공이 온 뜻을 나도 짐작하고 있소. 내가 죽은 후 직무를 이어받을 만한 사람이 누군가 알려고 한다면 내 생각에는 장완이 괜찮을 것 같소."

며칠 후인 234년 8월 23일, 그의 나이 54세로 제갈량은 숨을 거두었다.

제갈량은 27세 때부터 오장원에서 병으로 죽을 때까지 27년 동안 전쟁에 패배하면서도 임무를 맡았고 건강이 위독할 때에도 명을 받았다.

제갈량은 27년 동안 대부분의 시간을 전쟁터에서 보냈다. 특히 건흥 3년 봄부터 건흥 12년 겨울까지 10년에 가까운 세월 동안 하루도 편안하고 한가로운 시간을 가지지 못했다. 제갈량은 병으로 죽었다고 말하기보다는 노심초사하여 죽었다고 하는 편이 맞을 것이다.

송나라 범조우는 "한 사람이 모든 관직의 일을 다 하려고 한다면 그의 지혜는 날마다 줄어들 것이다."라고 말했다. 모든 일을 도맡아 처리하다가 피로가 누적이 돼서 죽음에 이른 제갈량은 후대 사람들에게 크나큰 교훈을 남긴 것이다.

일이란 도맡아 혼자서 한다고 잘되는 것이 아니고 남이 한다고 해서 다 안 되는 것도 아니다. 다른 사람의 능력과 지혜를 믿지 못하고 하찮게 생각하거나 자신을 과도하게 믿어 해낼 수 있는 능력의 한계를 넘어서까지 욕심을 부리게 되면 결국은 탈이 나게 된다.

협조로 미래를 대비하라

: 인품과 덕을 갖추면 누구와도 협력할 수 있다

어느 날, 증국번이 어머니의 병세로 고향에 가 있는 동안 마침 태평천국의 세력이 호남성을 휩쓸었다. 그는 정세에 따라 고향에서 특별한 민단인 상군(청나라 말 증국번이 편성한 반혁명 군대)을 조직하여 온갖 고생을 다 겪으면서 태평천국의 난을 평정했다. 이에 청왕조는 그를 용의후에 봉했다. 청나라에서는 문인이 무후가 된 것은 증국번이 처음이었다. 그 후 증국번은 양강총독 등을 역임하면서 1품관이 되었다.

처음 지방 군대를 훈련할 때 증국번은 향토 보호를 위한 의용병을 모집했다. 그리고 점차 확대해서 호남 일대에서만 그치지 않고 상군(호남 군대)을 조직하는 데 성공했다. 이는 증국번이 사람을 볼 줄 알고 쓸 줄도 알았기에 가능한 일이었다.

처음 장군을 모집할 때 그는 매일 모집 장소에 갔다. 전에는 방해자들이었으니 말수가 적은 노련하고 성실한 사람들을 보면 "좋소, 좋소!" 하며 채용했고 얼굴이 희고 말수가 비교적 많은 사람을 보면

"오, 오!" 하고 채용을 하지 않았다. 상군이 수십만 명으로 늘어나자 모든 사람을 일일이 면접할 수가 없었다. 그러나 각 병영의 장교급 병사는 모두 증국번이 파견하거나 허가했다.

증국번은 그 후 『빙감氷鑑』이라는 책을 남겼다. 이 책은 사람을 알아보고 사람을 쓰는 방법을 적은 책으로 후세 사람들에게 하나의 모범이 되었다.

신하가 가장 두려워하는 것은 황제의 감정을 상하게 하는 일인데 만약 "공적이 커서 주인을 놀라게 하거나 재능이 뛰어나 주인을 압도하거나 권력이 커서 주인을 속인다거나 부자가 되어 주인의 상대가 되거나" 하는 네 가지 중의 어느 하나에 해당하게 된다면 속히 뒤로 물러남이 상책이다. 그렇지 못할 때는 좋지 않은 결과가 나타나게 된다.

증국번은 "토끼가 죽고 나면 사냥개는 필요 없어지기 때문에 주인에게 삶아 먹힌다."라는 '토사구팽'의 생존 법칙을 잘 알았던 것이다. 또한 그는 '황포(황제의 예복)를 몸에 걸치는 일'에 대해서는 감히 생각도 하지 않았는데 그것은 "지네는 칼에 잘려 죽어도 꿈틀댈 뿐 자빠지지 않는다."는 이치를 알고 조대(관복에 매는 허리띠)를 바꾸는 일은 매우 위험하다 여겨서 '물러남'을 선택했던 것이다.

귀곡자는 "정신을 왕성하게 하려면 오룡(용의 왕성한 힘)에게서 배워야 한다. 왕성한 정신 속에는 오기(오장의 기운)가 있는데 정신을 그것으로 다스리고 마음은 그것으로 통하며 덕은 그것으로 사람들에게 표현된다."라고 말하였다.

증국번은 학문이 깊고 넓으며 여러 사람들의 협조로 정기를 키우고 앞으로 닥쳐올 일에 대해 준비했다. 또한 사람을 잘 볼 줄 알았으며 원기가 왕성했다. 그뿐만 아니라 정신이 풍성하고 사유는 민첩했다.

증국번은 인품이 훌륭한 사람이었다. 중국 전통 관료들의 특별한 점은 물론이고 일부 중국 문인들의 품격을 한 몸에 지니고 나라의 중추적 역할을 담당하며 한 걸음 한 걸음 권력의 정상에 올라 청나라 말기의 대세를 장악했다.

전략적인 안목으로 인재를 써라

: 인재를 잘못 이용하면 일을 그르치게 된다

춘추시대 말기, 범려는 보기 드문 지사여서 세상 사람들은 그를 "충성으로 나라를 위하고 지혜로 몸을 보호하며 사업으로 부를 얻어 천하에 이름을 드높였다."라고 칭송했다.

한 번은 그의 둘째 아들이 초나라에서 살인죄를 짓고 옥에 갇혔다. 범려는 거금을 주고 아들을 찾아오기로 하고 셋째 아들에게 많은 돈과 재물을 주어 초나라에 가서 이 일을 해결하도록 했다. 그러자 큰아들이 물었다.

"아버님, 장자인 저를 두고 셋째를 보내시는 것은 제가 효도하지 않는다는 뜻 아닙니까?"

옆에 있던 범려의 아내가 말했다.

"셋째가 가서 둘째를 구할 수 있을지 모르겠습니다. 그러니 큰애를 보내세요."

범려는 부득이하게 큰아들을 보내기로 하고 친구였던 장생에게 보낼 편지를 한 통 써주며 이렇게 말했다.

"초나라에 간 후 즉시 장생에게 돈을 주고 그가 시키는 대로 하거라."

큰아들은 초나라에 도착하자 부친의 분부대로 돈과 편지를 장생에게 주었다. 장생은 편지를 읽더니 그에게 말했다.

"자네는 먼저 집으로 가 있게. 그리고 동생이 나온다 하더라도 사건의 경위는 묻지 말게."

장생은 비록 형편이 곤궁했지만 성품이 곧고 청렴한 사람이었다. 초나라에서 그를 존경하지 않는 사람이 없을 정도였다. 그리고 이번 일이 성사된 후에는 범려의 뇌물을 돌려주려고 했다. 그러나 이러한 사정을 전혀 모르는 범려의 큰아들은 장생을 보잘것없는 존재로만 여겼다.

이튿날, 장생은 조정에 가서 왕에게 모 재상의 아들이 죄를 지었는데 이는 초나라에 불리하므로 오직 은덕을 널리 펼쳐야 그것을 소멸할 수 있다고 간언했다. 초나라 왕은 장생의 말을 듣고 곧장 사람을 시켜 관청에 봉해둔 문서를 살펴 죄인들을 대사면하도록 명을 내렸다.

범려의 큰아들은 이제 곧 동생이 출옥하게 되었는데 장생에게 그렇게 많은 돈을 준 것은 낭비가 아닌가 생각했다. 그래서 장생을 찾아가 돈과 재물을 돌려달라고 했다. 장생은 그의 행동에 크게 격분하여 조정에 들어가 왕에게 말했다.

"소신이 일전에 말씀드렸던 모 재상의 아들의 범죄 사실에 대해 폐하께서는 덕을 쌓고 보답하려 하셨습니다. 그런데 재상의 아들은 초나라에서 사람을 죽이고 감금되어 있는데 그 집에서는 많은 재물을 가져와 폐하의 좌우 신료들에게 뇌물을 주었습니다. 폐하께서 대사면을 하신 것은 그의 처지를 동정하려 하신 것이 아니고 재상의 아들이기 때문에 그러하신 것이 아니옵니까?"

장생의 말을 들은 왕은 범려의 둘째 아들을 사형에 처한 후에 대사면을 시행할 것을 명했다. 그리하여 범려의 큰아들은 동생의 시신을 가지고 집으로 돌아가게 되었다. 아들이 돌아오자 범려는 말했다.

"나는 일찍부터 큰아들이 둘째를 구하지 못할 것을 알았다. 그는 동생을 사랑하지 않았다. 그는 소싯적부터 나와 장사를 하면서 고생을 많이 겪었기 때문에 금전과 재물을 몹시 아낀다. 그러나 셋째는 나서부터 부유한 환경에서 자랐기 때문에 재물을 경시하고 돈을 물 쓰듯 한다. 그리하여 나는 셋째를 보내어 그 일을 처리하려 했던 것이다. 그것은 셋째가 돈 쓰는 것을 아까워하지 않기 때문이다."

귀곡자는 "성인이 일을 하는 데는 다섯 가지 방법이 있다. 드러내어 덕을 베풀거나, 은밀히 해치거나, 믿음으로 성의를 다하거나, 가리고 숨기거나, 평상시처럼 대하는 것이다. 드러내어 할 때는 언사가 일관되어야 하고 은밀하게 할 때는 두 가지 말로 해야 한다. '평소'의 방법은 가장 중요한 시기에 사용하고 나머지 네 가지는 미묘하게 시행해야 한다."라고 말하였다.

일을 처리할 때 드러내어 할 때는 언사가 일관되어야 하고 은밀하게 할 때는 진실과 거짓이 섞여 사람들이 진실을 종잡을 수 없도록 해야 하는 것이다. 크게는 국가, 작게는 개인에 이르기까지 전략적인 계획이 다 있는 법이다. 또한 결정을 내릴 때는 전략적인 안목으로 문제를 보아야 정확하게 결정을 내릴 수 있다. 돈을 생명처럼 소중하게 여기는 사람은 흔히 적은 것으로 인해 큰 손실을 입는다. '새는 먹이 때문에 죽고 사람은 재물 때문에 죽는' 상황이 되는 것이다.

범려의 큰아들은 돈을 지나치게 중히 여기는 바람에 동생의 생명을 잃게 했는데, 이것이 바로 적은 것으로 큰 손실을 입는 나쁜 결과를 가져오고 말았다.

한자,
인생을 말하다

초판 1쇄 발행 · 2018년 1월 10일

지은이 · 장석만
펴낸이 · 김동하

정 리 · 김정웅
디자인 · 김경일
펴낸곳 · 책들의정원
출판신고 · 2015년 1월 14일 제2015-000001호
주소 · (03955) 서울시 마포구 방울내로9안길 32, 2층(망원동)
문의 · (070) 7853-8600
팩스 · (02) 6020-8601
이메일 · books-garden1@naver.com
블로그 · books-garden1.blog.me

ISBN 979-11-87604-44-0 (03320)